Eduardo A. González

Obras de
Misericordia,
ternura y solidaridad

Paulinas

González, Eduardo Antonio

Obras de Misericordia, ternura y solidaridad / Eduardo Antonio González.

1a ed . - Ciudad Autónoma de Buenos Aires : Paulinas , 2016.

123 p. ; 19 x 13 cm.

ISBN 978-950-09-1770-4

1. Religión . I. Título.

CDD 248.4

Imagen de cubierta: Vitraux *"El Buen Samaritano"*

Diseño de interior y cubierta: Lorenzo Ficarelli

1ª edición, marzo de 2016

ISBN: 978-950-09-1770-4

Este libro se terminó de imprimir en marzo de 2016 en Docuprint, Buenos Aires, Argentina.

Distribuye: **Paulinas**

Larrea 44/50, C1030AAB Buenos Aires, Argentina
Telefax: (011) 4952-4333 y líneas rotativas
Línea de fax gratuita para clientes: 0-800-333-7717
E-mail: editorial@paulinas.org.ar
Distribuidora: ventas@paulinas.org.ar
www.paulinas.org.ar

El gran reto de nuestro mundo es
la globalización de la solidaridad.

*(Francisco: Mensaje a la VII Cumbre
de las Américas, Panamá, 2015).*

Francisco y el anuncio de la Misericordia

En la convocatoria al Año Santo de la Misericordia, Francisco dedicó una parte de su mensaje a las obras de misericordia, recordando la tradicional clasificación de "obras corporales y obras espirituales" que en la práctica se integran y complementan.

En este Año Santo, podremos realizar la experiencia de abrir el corazón a cuantos viven en las más contradictorias periferias existenciales, que con frecuencia el mundo moderno dramáticamente crea. ¡Cuántas situaciones de precariedad y sufrimiento existen en el mundo hoy! Cuántas heridas sellan la carne de muchos que no tienen voz porque su grito se ha debilitado y silenciado a causa de la indiferencia de los pueblos ricos.

En este Jubileo la Iglesia será llamada a curar aún más estas heridas, a aliviarlas con el óleo de la consolación, a vendarlas con la misericordia y a curarlas con la solidaridad y la debida atención. No caigamos en la indiferencia que humilla, en la habitualidad que anestesia el ánimo e impide descubrir la novedad, en el cinismo que destruye. Abramos nuestros ojos para mirar las miserias del mundo, las heridas de tantos hermanos y hermanas privados de la dignidad, y sintámonos provocados a escuchar su grito de auxilio.

Nuestras manos estrechen sus manos, y acerquémoslos a nosotros para que sientan el calor de nuestra presencia, de nuestra amistad y de la fraternidad. Que su grito se vuelva el nuestro y juntos podamos romper la barrera de la indiferencia que suele reinar campante para esconder la hipocresía y el egoísmo.

Obras de misericordia corporales y espirituales

Es mi vivo deseo que el pueblo cristiano reflexione sobre las obras de misericordia corporales y espirituales. Será un modo para despertar nuestra conciencia, muchas veces aletargada ante el drama de la pobreza, y para entrar todavía más en el corazón del Evangelio, donde los pobres son los privilegiados de la misericordia divina.

La predicación de Jesús nos presenta estas obras de misericordia para que podamos darnos cuenta si vivimos o no como discípulos suyos. Redescubramos las obras de misericordia corporales: dar de comer al hambriento, dar de beber al sediento, vestir al desnudo, acoger al forastero, asistir los enfermos, visitar a los presos, enterrar a los muertos.

Y no olvidemos las obras de misericordia espirituales: dar consejo al que lo necesita, enseñar al que no sabe, corregir al que yerra, consolar al triste, perdonar las ofensas, soportar con paciencia las personas molestas, rogar a Dios por los vivos y por los difuntos.

Un examen final sobre el amor

No podemos escapar a las palabras del Señor y en base a ellas seremos juzgados: si dimos de comer al hambriento y de beber al sediento. Si acogimos al extranjero y vestimos al desnudo. Si dedicamos tiempo para acompañar al que estaba enfermo o prisionero (cfr. Mt 25, 31-45). Igualmente se nos preguntará si ayudamos a superar la duda, que hace caer en el miedo y en ocasiones es fuente de soledad; si fuimos capaces de vencer la ignorancia en la que viven millones de personas, sobre todo los niños privados de la ayuda necesaria para ser rescatados de la pobreza; si fuimos capaces de ser cercanos a quien estaba solo y afligido; si perdonamos a quien nos ofendió y rechazamos cualquier forma de rencor o de violencia que conduce a la violencia; si tuvimos paciencia siguiendo el ejemplo de Dios que es tan paciente con nosotros; finalmente, si encomendamos al Señor en la oración a nuestros hermanos y hermanas.

En cada uno de estos "más pequeños" está presente Cristo mismo. Su carne se hace de nuevo visible como cuerpo martirizado, llagado, flagelado, desnutrido, en fuga... para que nosotros lo reconozcamos, lo toquemos y lo asistamos con cuidado. No olvidemos las palabras de san Juan de la Cruz: «En el ocaso de nuestras vidas, seremos juzgados en el amor» [12].

La alegría de la solidaridad

En el Evangelio de Lucas encontramos otro aspecto importante para vivir con fe el Jubileo. El evangelista narra que Jesús un sábado volvió a Nazaret y como era costumbre entró en la Sinagoga. Lo llamaron para que leyera la Escritura y la comentara. El paso era el del profeta Isaías donde está escrito: «El Espíritu del Señor está sobre mí, porque me ha ungido para anunciar a los pobres la Buena Nueva, me ha enviado a proclamar la liberación a los cautivos y la vista a los ciegos, para dar la libertad a los oprimidos y proclamar un año de gracia del Señor» (Is 61, 1-2). "Un año de gracia": es esto lo que el Señor anuncia y lo que deseamos vivir.

Este Año Santo lleva consigo la riqueza de la misión de Jesús que resuena en las palabras del Profeta: llevar una palabra y un gesto de consolación a los pobres, anunciar la liberación a cuantos están prisioneros de las nuevas esclavitudes de la sociedad moderna, restituir la vista a quien no puede ver más porque se ha replegado sobre sí mismo, y volver a dar dignidad a cuantos han sido privados de ella.

La predicación de Jesús se hace de nuevo visible en las respuestas de fe que el testimonio de los cristianos está llamado a ofrecer. Nos acompañan las palabras del Apóstol: «El que practica misericordia, que lo haga con alegría» (Rom 12, 8).

Introducción

Solidaridad o Misericordia

El Catecismo Mayor de San Pío X editado a comienzos del siglo XX dedica un breve capítulo a las Obras de Misericordia y las relaciona con el Juicio definitivo en el fin de la historia, tema que vuelve a recordar Francisco, cien años después, al convocar al Jubileo de la Misericordia del año 2016.

"Las buenas obras de que se nos pedirá cuenta particular el día del Juicio son las obras de misericordia. Son aquellas con las que se socorren las necesidades corporales o espirituales de nuestro prójimo.

"Las principales obras de misericordia corporales son: 1. Visitar y cuidar a los enfermos. 2. Dar de comer al hambriento. 3. Dar de beber al sediento. 4. Dar posada al peregrino. 5. Vestir al desnudo. 6. Visitar a los presos y 7. Enterrar a los muertos.

"Las principales obras de misericordia espirituales: 1. Enseñar al que no sabe. 2. Dar buen consejo al que lo necesita. 3. Corregir al que yerra. 4. Perdonar las injurias. 5. Consolar al triste. 6. Sufrir con paciencia los defectos del prójimo y 7. Rogar a Dios por los vivos y difuntos".

Se trata de resumir de modo pedagógico las principales acciones que se extienden hacia los demás y que encuentran su inspiración en el texto del evangelio, cuando Jesús advierte que los pueblos serán reunidos y juzgados según el grado de compromiso solidario (véase Mateo 25,31-46).

¿Que pueden decirnos hoy estas obras de misericordia? Ya la misma palabra misericordia tiene un sabor negativo. Se la asocia exclusivamente con el sentimiento de lástima ante la miseria y en muchos casos supone una actitud de superioridad paternalista frente al oprimido, débil o excluido. De ninguna manera será utilizada en el lenguaje del encuentro amoroso o en el diálogo de la amistad compartida.

Nadie dice a su amado, a su amigo o a su igual: "Siento ante ti una profunda misericordia" porque inmediatamente percibirá el rechazo y una respuesta agresiva que sonará más o menos así: -Si me querés por lástima, no me quieras.

Así entendida, la misericordia–lástima da lástima y además lastima.

"Ocurre a veces que, siguiendo tal sistema de valoración, percibimos principalmente en la misericordia una relación de desigualdad entre el que la ofrece y el que la recibe. Consiguientemente estamos dispuestos a deducir que la misericordia difama a quien la recibe y ofende la dignidad del hombre" (san Juan Pablo II: *La Misericordia divina*, 6).

Pero en su definición original, esta palabra quiere decir algo muy positivo y valioso y para descubrirlo se requiere el esfuerzo de superar su actual resonancia negativa.

Porque los autores bíblicos tienen una visión muy diferente de este término modernamente tan lastimado y devaluado.

Se trata de una postura de compromiso, de fidelidad, de firmeza unida a la ternura y a la exquisita sensibilidad frente al más leve mal que puede sufrir el ser amado.

Cuando se necesita mostrar al Dios de la misericordia se utilizan imágenes masculinas de padre. "El Señor es bondadoso y compasivo, lento para enojarse y de gran misericordia... Como un padre es cariñoso con sus hijos, así es cariñoso el Señor con sus fieles" (Salmo 103, 8.13).

Sin embargo estas expresiones no son suficientes y se recurre a la experiencia de los primeros amores: "Así habla el Señor: Recuerdo muy bien la fidelidad de tu juventud, el amor de tus desposorios..." (Jeremías 2, 2).

La realidad es inagotable y se buscan nuevas imágenes en la ternura femenina de la madre: "¿Se olvida una madre de su hijo, no se compadece del niño de sus entrañas? ¡Pero aunque ella se olvide, yo no te olvidaré!" (Isaías 49, 15).

"La misericordia de Dios no es una idea abstracta, sino una realidad concreta con la cual Él revela su amor, que es como el de un padre o una madre que se conmueven en lo más profundo de sus entrañas por el propio hijo. Vale decir que se trata realmente de un amor "visceral". Proviene desde lo más íntimo como un sentimiento profundo, natural, hecho de ternura y compasión, de indulgencia y de perdón" (Francisco).

Una sensibilidad solidaria

En el Nuevo Testamento aparecen los rasgos de la ternura y la fidelidad de Dios representada en la parábola del hijo que vuelve a la casa de su padre (véase Lucas 15, 11-32).

"La misericordia —tal como Cristo nos la ha presentado en la parábola del hijo pródigo— tiene la forma interior del amor.... Tal amor es capaz de inclinarse hacia todo hijo pródigo, toda miseria humana, y singularmente hacia toda miseria moral o pecado. Cuando esto ocurre, el que es objeto de misericordia no se siente humillado, sino como encontrado nuevamente y revalorizado... Es necesario que el rostro genuino de la misericordia sea siempre desvelado de nuevo. No obstante múltiples prejuicios, ella se presenta particularmente necesaria en nuestro tiempo" (san Juan Pablo II: Encíclica sobre la Misericordia, n. 6).

En sentido bíblico, la actitud de la misericordia expresada en los múltiples términos de fidelidad, compromiso, ternura, solidaridad, buscará respuestas ante el amplio campo que estimula a los creyentes y a los hombres con hambre y sed de justicia a recrear nuevas "obras de misericordia" o de "sensibilidad solidaria".

En el Sermón del Monte conocido por el título de las Bienaventuranzas, Jesús propone un ambicioso proyecto: "Felices los misericordiosos, porque obtendrán misericordia" (Mateo 5,7). En el dinamismo del evangelio ya no hay límites: "Sean misericordiosos como el padre de ustedes es misericordioso" (Lucas 6,36).

Pero tampoco hay segregaciones personales ya que a las críticas de los religiosos fariseos porque el Maestro come con publicanos y pecadores se responde: "No son los sanos los que tienen necesidad del médico, sino los enfermos. Vayan y aprendan qué significa: Prefiero la misericordia al sacrificio. Porque yo no he venido a llamar a los justos sino a los pecadores" (Mateo 9,1-13).

Esta sensibilidad convierte al Buen Samaritano en un "prójimo" del hombre asaltado en la soledad del camino (véase Lucas 10,30-37) y será finalmente la causa de premio o de castigo según la respuesta al que tuvo hambre, sed, estuvo desnudo, sin techo, enfermo, preso, es decir a los pobres y marginados con quien quiso identificarse el propio Jesús (véase Mateo 25,31-46).

Mis humildes hermanos

Por estar centrado en las conductas de relación el "juicio final sobre las obras de misericordia" no queda encerrado en la dimensión individual. Ya tradicionalmente se lo ha denominado "Juicio Universal" y hoy puede comprenderse en clave planetaria y globalizada, abarcando dimensiones sociales, políticas y ecológicas.

Siguiendo la Tradición, el Concilio Vaticano II nos advierte que no nos detengamos en una interpretación individualista de la ética cristiana, puesto que la ética cristiana tiene también una dimensión social.

La persona humana vive en comunidad, en sociedad. Y con la comunidad comparte hambre y sed y enfermedad y desnutrición y miseria y todas las deficiencias que se siguen de ello. Se supone que el ser humano experimenta las necesidades de los demás en sí mismo, sea hombre o mujer.

Por eso habla Cristo Juez de "mis humildes hermanos". Y a la vez se refiere a cada uno de todos. Sí, se está refiriendo a la dimensión universal total de la injusticia y del mal. Está hablando de lo que hoy solemos llamar contraste Norte–Sur... el Norte cada vez más rico y el Sur cada vez más pobre. Sí, el Sur progresivamente más pobre y el Norte aumentando siempre su riqueza...

Y sin embargo, a la luz de las palabras de Cristo, este Sur pobre juzgará al opulento Norte. Y los pueblos pobres y las naciones pobres –pobres de modos distintos, no sólo faltos de alimentos, sino también privados de libertad y de otros derechos humanos– juzgarán a los que les arrebatan estos bienes, acumulando para ellos el monopolio imperialista del predominio económico y político a expensas de otros...

No obstante, en este juicio final, que está constantemente en preparación y en cierto sentido también constantemente presente, Él desea dar testimonio primeramente de "todo el bien que se hizo" (san Juan Pablo II, en Canadá).

La sensibilidad solidaria abarca las actitudes personales, los grupos sociales y las naciones enteras. Con esta óptica es posible proponer nuevas dimensiones de las antiguas obras de misericordia o presentar otras nuevas. Se puede concretar el visitar a los enfermos abarcando a los más marginados como son hoy las víctimas del sida o incluir, ante el desmantelamiento planetario el "cuidar la naturaleza y proteger la ecología", o a nivel educativo "enseñar los derechos del niño". Y quizás "consolar al triste y aconsejar un buen tratamiento al enfermo depresivo".

Globalización y solidaridad

El nuevo siglo globalizado comienza con un enorme intercambio de bienes basados en el desarrollo de la eficiencia científica e informática, la rápida divulgación de valores y contravalores en los medios de comunicación, las conexiones sin límites a través de la navegación en internet.

La acelerada unificación de las naciones en contornos continentales, y la acumulación del capital económico en macro empresas con presupuestos superiores a los de los Estados, muestra la urgente necesidad de crear una efectiva autoridad a nivel planetario, capaz de resolver los conflictos entre países, y de promover de modo efectivo la justicia económica y social en un mismo piso para todos los hombres y mujeres de la Tierra; junto con un Tribunal Penal Internacional que asegure las adecuadas sanciones de los crímenes contra los más elementales derechos humanos o de lesa humanidad.

La denuncia de san Juan Pablo II en la Exhortación "La Iglesia en América" conserva su vigencia, más allá de los esfuerzos de cambio que en los últimos años se producen:

"Cada vez más, en muchos países americanos impera un sistema conocido como "neoliberalismo", sistema que haciendo referencia a una concepción economicista del hombre, considera las ganancias y las leyes del mercado como parámetros absolutos en detrimento de la dignidad y del respeto de las personas y los pueblos. Dicho sistema se ha convertido, a veces, en una justificación ideológica de algunas actitudes y modos de obrar en el campo social y político que causan la marginación de los más débiles. De hecho, los pobres son cada vez más numerosos, víctimas de determinadas políticas y de estructuras frecuentemente injustas.

"La mejor respuesta desde el Evangelio a esta dramática situación es la promoción de la solidaridad y de la paz, que hagan efectivamente realidad la justicia".

Las injusticias, las marginaciones y las exclusiones de un mundo globalizado reclaman "obras de misericordia" globalizadas que muestren, con nuevas iniciativas, propuestas y proyectos, que no sólo atienden las necesidades de los pueblos pobres y de los pobres de los pueblos, sino que también se enfrentan a las causas productoras de la miseria.

"La solidaridad adquiere un lugar decisivo en este mundo acéfalo que excluye a los diferentes. Cuando nos hagamos responsables del dolor del otro, nuestro compromiso nos dará un sentido que nos colocará por encima de la fatalidad de la historia" (Ernesto Sábato, *Antes del fin*, 1998).

Ante un neoliberalismo globalizado soñamos construir con una solidaridad globalizada porque otro mundo es posible.

Visitar y cuidar a los enfermos

*L*as "obras de misericordia" corporales se inician con la atención a enfermos y enfermas, recordando aquellas palabras de Jesús: "estuve enfermo y ustedes me visitaron" (Mateo 25,36).

En los momentos de enfermedad sufrimos claramente la limitación física y el desgaste de nuestras capacidades Dependemos de otros para los mínimos detalles y quizás la fiebre nos quita la posibilidad de un pensamiento coherente, mientras que el dolor agudo quita serenidad a nuestra existencia.

La visita de los hombres y mujeres a los que nos ligan estrechos vínculos de ternura y afecto son un consuelo inapreciable, porque ellos nos traen experiencias que ocupan nuestro tiempo, y presencia que continúa contactándonos con la vida.

Pero lamentablemente el hombre y la mujer que disfrutan de la exuberancia de la salud, sienten casi un instintivo rechazo ante la enfermedad del amigo o de la amiga, algo se rebela en su intimidad como una protesta ahogada que provoca la distancia del enfermo o de la enferma y es entonces cuando se requiere una nueva energía para no escapar calladamente.

Visitar a una persona enferma, sobre todo si es cercana en nuestros afectos, es comprometerse con sus angustias e ilusiones, con sus lamentos y sus esperanzas y descubrir la posible situación de enfermedad que alguna vez quizás sea también nuestra.

El cuidado de los enfermos supone una mayor dedicación
en cuanto al tiempo y a la constancia. Desde la madre sensible
a la evolución de la fiebre de su bebé hasta el enfermero y la
enfermera profesional capacitados para todo tipo de emergencia, una gama de actitudes acompañan el proceso doloroso de
la enfermedad y dan al paciente la seguridad que sigue siendo
tenido en cuenta por gente atenta y comprensiva.

Los cuidados médicos han de ser culminación de las nuevas
obras solidarias requeridas en la solidaridad globalizada. Sin
embargo, ya los antiguos textos bíblicos hacen un elogio de los
médicos, que mantiene su actualidad.

"Honra al médico por sus servicios, como corresponde,
porque también a él lo ha creado el Señor. La curación procede
del Altísimo y el médico recibe presentes del rey. La ciencia del
médico afianza su prestigio y él se gana la admiración de los
grandes. El Señor hizo brotar las plantas medicinales y el hombre prudente no las desprecia.

¿Acaso una rama no endulzó el agua a fin de que fueran conocidas sus propiedades? El Señor dio a los hombres la ciencia para
ser glorificado por sus maravillas. Con esos remedios el médico
cura y quita el dolor y el farmacéutico prepara sus ungüentos.
Así, las obras del Señor no tienen fin y de él viene la salud a la
superficie de la tierra.

"Deja actuar al médico, porque el Señor lo creó, que no se
aparte de ti, porque lo necesitas. En algunos casos tu mejoría
está en sus manos y ellos mismos rogarán al Señor que les permita dar un alivio y curar al enfermo para que se restablezca"
(Eclesiástico 38,1-8.12-13).

Una medicina humanizada

Para que la actuación de profesionales de la salud pueda
ser reconocida como una auténtica obra de misericordia o de

solidaridad se requiere superar el distanciamiento que produce la tecnología científica, impidiendo la relación y el diálogo personalizado con quien recibe el nombre de "paciente". Por el contrario, el retorno a una medicina humanista y humanizada supone privilegiar a cada enfermo y a cada enferma y centralizarse en aquel viejo aforisma "no existe enfermedad, sino enfermos".

La solidaridad en torno al cuidado del enfermo ha encontrado una nueva vertiente en la organización de las Obras Sociales, los Seguros de Salud y los Hospitales Públicos.

En un ámbito donde la medicina se vuelve más compleja y costosa, la afiliación individual y familiar permite acceder con relativa facilidad a servicios que de otra manera resultarían imposibles. Ministros de Salud, hospitales públicos, sanatorios privados, directores, médicos, dirigentes sindicales, afiliados, representantes de la comunidad y los mismos pacientes son responsables, en distintos niveles, del adecuado funcionamiento de estas instituciones que han de ofrecer sus servicios hasta las regiones más marginadas y los enfermos más postergados.

La historia de la humanidad muestra auténticos héroes, santos y santas empeñados en esta tarea, pioneros de posteriores realizaciones como la Cruz Roja, las Vicentinas de san Vicente de Paúl, los Hermanos de san Juan de Dios; Médicos del Mundo, Médicos en Catástrofe, Médicos sin Fronteras, y un ejército anónimo de voluntarios y voluntarias de los hospitales.

Por el contrario, nada más lejos de la solidaridad humanizada que el "ensañamiento terapéutico", intento por mantener artificialmente la vida, a costa de un innecesario aislamiento de quien se encuentra en una situación de vida terminal, incluyendo costosos e inseguros procedimientos de aparatología clínica, provocado más de una vez por la omnipotencia de un médico que no puede aceptar el lógico límite de la vida, es decir, la muerte.

"La interrupción de tratamientos médicos onerosos, peligrosos, extraordinarios o desproporcionados a los resultados puede ser legítima. Interrumpir estos tratamientos es rechazar el "encarnizamiento terapéutico". Con esto no se pretende provocar la muerte; se acepta no poder impedirla. Las decisiones deben ser tomadas por el paciente, si para ello tiene competencia y capacidad, o si no, por los que tienen los derechos legales, respetando siempre la voluntad razonable y los intereses legítimos del paciente...

Los cuidados paliativos constituyen una forma privilegiada de la caridad desinteresada. Por esta razón deben ser alentados. (Catecismo de la Iglesia Católica).

Cuidar enfermos de sida

La visita a los enfermos y enfermas, su cuidado y la atención médica fueron siempre una de las principales preocupaciones de las personas sensibles a las necesidades de los demás. Los cristianos y cristianas, siguiendo el ejemplo de Jesús, emprendieron audaces iniciativas, fundando hospitales, grupos de voluntarios y estimulando la responsabilidad personal.

La tradición de las Iglesias Ortodoxa y Católica incluye un sacramento especial, la Unción de los Enfermos, para acompañar religiosamente al hombre y a la mujer debilitados por la enfermedad o por el peso de los años.

La aparición de hombres y mujeres con sida abrió una nueva perspectiva en la atención de quienes se saben en situaciones de alto riesgo vital, más de una vez abandonados por su entorno afectivo, y puso nuevamente en el punto central la tradicional obra de misericordia "visitar a los enfermos".

Los informes de la sociología médica informan que en el mundo, la tuberculosis produce más muertes que el sida, pero esta nueva enfermedad rompe los moldes clásicos sobre todo por el extremo cuidado que requiere y su rápida propagación.

Las campañas de prevención, advertencia y protección en el
ámbito de la genitalidad, el intercambio de jeringas, las trans-
fusiones sanguíneas y el contagio a través de una madre em-
barazada son parte de la educación sanitaria. Uno de los folletos
de la Comisión Episcopal de Pastoral de la Salud de Argentina
recordaba sintéticamente: "Sangre, semen, leche materna infectados: Sanear las tres fuentes de la vida".

Junto con el cáncer, la investigación para detectar sus orígenes y sobre todo para vencerlo se presentan como el principal
desafío a la ciencia médica de nuestro tiempo. Pero todo queda
de lado cuando el hombre o la mujer se saben portadores del
HIV, es decir, cuando ya el sida es inevitable e irreversible.

Un nuevo desafío

La enseñanza del evangelio es que Jesús de Nazaret --el
mismo Hijo de Dios-- se identifica con cada marginado, y de acuerdo al modo de tratarlo, así será el modo de juzgarnos: "Estaba
enfermo y me visitaron..." (Mateo 25,36).

Estas palabras del Evangelio llevan hoy esta relectura fuerte
y decidida: "Estuve enfermo de sida y ustedes me visitaron...

-¿Cuándo Señor, estuviste enfermo de sida y te visitamos?

-Les aseguro que en la medida que lo hicieron con el más pequeño de mis hermanos y hermanas con sida, lo hicieron conmigo".

La dedicación al enfermo requiere superar prejuicios, temores
y una sensibilidad poco preparada para las realidades dolorosas.

La psicología muestra las reacciones ante la enfermedad, que
en este caso adquiere rasgos más firmes y empecinados, ante el
temor del contagio, la decadencia irreversible y la muerte real.

El miedo a la contaminación aparece muy detallado en el
modo como la antigüedad trataba a los leprosos. La misma Biblia
muestra al enfermo apartado de la comunidad, segregado y a distancia física y moral. La distinción por los vestidos, la exclusión

de las ciudades y las campanillas advirtiendo su presencia, son algunos de los métodos con que los "sanos" se prevenían del mal. Jesús de Nazaret pone un signo esperanzador porque al curar a los leprosos expulsa la enfermedad y permite la reintegración a la vida cotidiana (véase Mateo 8,14).

En la misma línea, Francisco de Asís señala que los hermanos "deben sentirse satisfechos alternando con la gente común y despreciada, los pobres y los débiles, los enfermos, los leprosos y los mendigos de los caminos". Los primeros franciscanos trabajaban y solían vivir en los leprosarios.

La «impureza» del enfermo

La dialéctica contagio/cercanía emerge nuevamente ante el sida.

Podrán los científicos señalar que sólo a través de vía endovenosa o en el contacto genital es posible la transmisión del mal, pero la falsa intuición de la "impureza" del enfermo frente a mi "pureza de hombre/mujer sano" se acompaña con la necesidad del castigo, inconscientemente vivido como aislamiento y segregación.

No es tanto el miedo al contagio del sida, sino al contagio de las causas que lo provocaron y de la "impureza" ancestral.

La decadencia irreversible confirma la intuición anterior, ya no se requiere una campanilla de alerta, su sola figura es suficiente motivo para provocar el alejamiento, pero es posible que además tema ver en ella el retrato de lo que podría también llegar a ser yo mismo.

Y finalmente, la muerte real culmina definitivamente una separación que tuvo su inicio en los primeros síntomas del sida. El verdugo ha cumplido el castigo.

Un análisis social amplía aún más la situación.

Desde las "redes del poder" se construye la figura social del discriminado: el adicto, el homosexual, el pobre, la prostituta, el "sidoso", el villero, en fin, todos aquéllos que "huelen mal" para una sociedad que más que occidental y cristiana parecería estar gobernada por un triunvirato pagano conformado por Pluto, dios de la riqueza, Apolo, dios de la belleza y Mercurio, dios de los ladrones.

De tal manera que las diferencias se construyen en desigualdades en esta sociedad excluyente, en vez de constituirlas en coincidencia en una sociedad que fuera incluyente.

En la Cumbre del Sida, realizada en Francia en 1994, el coordinador Dr. Bernard Debré destacó la participación de enfermos e infectados en los programas de prevención, como una de las acciones más importantes.

Por lo tanto, reunidos ellos en Grupos de Auto-ayuda conforman uno de los instrumentos más idóneos en la prevención de esta enfermedad, ya que nadie conoce mejor sus problemas y como solucionarlos, que los propios interesados.

Durante años hemos confortado a los afligidos, y hemos de seguir haciéndolo.

Pero llegó la hora de una función profética: afligir a los confortados.

Durante años hemos estado al lado del enfermo.

Llegó la hora de estar del lado del enfermo. Con sus angustias y sus esperanzas (Dr. Francisco Maglio).

Los sentimientos inconscientes de temor al contagio, de miedo a la decadencia y la muerte y sus mecanismos de exclusión son exorcizados por Jesús de Nazaret.

Al identificarse con el enfermo y al reclamar a sus discípulos una actitud de atención y de atenta solicitud, lleva al nivel de la conciencia humana considerar quién es realmente el enfermo y la enferma, y cómo ha de ser una conducta solidaria que comienza por la solidaridad entre los propios enfermos.

Jesús suprimió la impureza ritual y enfrentó la enfermedad y la muerte asegurando a sus seguidores que podrían hacer mucho más: "Curen a los enfermos, resuciten a los muertos, purifiquen a los leprosos, expulsen a los espíritus del mal" (Mateo 10,8).

2

Dar de comer al hambriento, tener solidaridad con los desocupados

El problema del hambre en el mundo puede ser abordado desde una perspectiva individual y social. En situaciones aisladas, el viejo vagabundo encontrará siempre un plato de sopa en el vecindario, y el pequeño de cara sucia en la puerta del restaurante recibirá la invitación a comer una porción de pizza.

Ya en la antigüedad, el pueblo hebreo recibió la norma: "El séptimo año darás un descanso a tus tierras y las dejarás sin cultivar. Allí encontrarán alimento tus compatriotas indigentes (Éxodo 23,11). Siglos después se tendrá en cuenta un límite más amplio, ya que hasta el adversario merece una discreta atención: "Si tu enemigo tiene hambre, dale de comer" (Proverbios 25,51).

Jesús se dirige a las muchedumbres y convoca a los hambrientos: "Felices ustedes, los que ahora tienen hambre, porque serán saciados" (Lucas 6,21). Él mismo siente hambre por causa de un ayuno de cuarenta días, pero frente a la tentación de convertir las piedras en panes, afirma que existe todavía un hambre más intenso: "El hombre no vive solamente de pan, sino de toda palabra que sale de la boca de Dios" (Mateo 4,4). Sin embargo no duda en realizar un gran signo al sentir pena por la multitud que lo siguió durante tres días y no tiene qué comer: Multiplica unos pocos panes y peces para alimentar a ese pueblo (véase Mateo 8,1-10) y al mismo tiempo se presenta como "pan de Dios... pan de Vida, el que viene a mí jamás tendrá hambre" (véase Juan 6,32-34).

El rico innombrado y el pobre Lázaro

Quizás el más dramático llamado de Jesús a un firme compromiso es la parábola del Rico y el pobre Lázaro, en la que el hombre rico festeja y come ininterrumpidamente, mientras el hambriento ni siquiera puede alimentarse de las migajas que caen de la espléndida mesa (cfr. Lucas 16, 19-24).

El juicio definitivo será sobre si "dieron de comer...o no dieron de comer" al más pequeño, identificado con el mismo Cristo Juez, y trasciende a cada uno aisladamente, ya que reunirán convocados "todos los pueblos", y sobre ellos recaerá la definitiva sentencia (véase Mateo 25, 31-46).

Esos textos sagrados, escritos a la distancia de unos 2.000 años, adquieren nuevo relieve cuando se advierte que la situación de desnutrición en el mundo tiene una tal magnitud que en un simple planisferio pueden surgir en negros manchones, las amplias zonas de la humanidad subalimentada.

En la década del '60 comenzó a nivel mundial una amplia campaña para tratar de equilibrar la desproporción existente entre la hiper alimentación de las naciones ricas y los bajísimos índices de calorías en muchos países del Tercer Mundo.

Cincuenta años después el problema mantiene su gravedad y se menciona un Cuarto Mundo, nueva realidad que abarca no sólo a los dieciséis países más sumergidos del planeta, sino también los bolsones de pobreza y exclusión que aparecen en la opulencia del Primer Mundo.

"Debemos reconocer a Cristo en los más pobres y marginados, a los que la Eucaristía, comunión con el cuerpo y la sangre de Cristo ofrecidos por nosotros, nos compromete a servir. Como indica claramente la parábola del rico, que quedará siempre sin nombre, y del pobre llamado Lázaro, en el fuerte contraste entre ricos insensibles y pobres necesitados de todo, Dios está de parte de estos últimos. También nosotros debemos ponernos de su parte...

"Elevemos juntos la voz por ellos, viviendo en plenitud la misión que Cristo ha confiado a sus discípulos" (san Juan Pablo II: Jornada Mundial de la Paz).

Cuestión de supervivencia

El hambre deja de ser un hecho individual o muy sectorizado. Se convierte en una cuestión de supervivencia de pueblos enteros. El remedio más inmediato es la entrega de granos y alimentos elaborados a los necesitados, pero de inmediato surge la urgencia de posibilitar que cada uno pueda proveerse de lo necesario para la vida.

La difusión de nuevas técnicas agrícola –ganaderas, la fundación de escuelas– granjas, sistemas de regadíos, aprovechamiento de la soja, el placton y los productos autóctonos son algunas de las soluciones de más largo aliento.

"No se trata sólo de vencer el hambre, ni siquiera de hacer retroceder la pobreza. El combate contra la miseria, urgente y necesario, es insuficiente.

Se trata de construir un mundo donde todo hombre, sin excepción de raza, religión o nacionalidad, pueda vivir una vida plenamente humana, emancipado de las servidumbres que le vienen de los hombres y de una naturaleza insuficientemente dominada; un mundo donde la libertad no sea una palabra vana y donde el pobre Lázaro pueda sentarse a la misma mesa que el rico.

Ello exige de este último mucha generosidad, innumerables sacrificios y esfuerzo sin descanso" (Pablo VI: *Populorum Progressio*, n. 45-47).

Surge así una nueva dimensión del "dar de comer al hambriento", ya que para alimentar a pueblos enteros se necesitan no sólo los programas de asistencia directa, sino una reforma política y económica que asegure a todos los hombres y mujeres de la tierra las calorías necesarias a las que tienen derecho por habitar la Tierra.

La paz, el pan y el trabajo

Un viejo refrán chino dice: "Mejor que dar de comer es enseñar a pescar". Yo agrego: "Y evitar que en lo alto del río se acaparen los pescados". Porque la realidad de dos mil millones de hambrientos y subalimentados en el mundo no puede considerarse sólo desde la ignorancia en el arte de procurarse alimentos, sino en precisar los ámbitos de la opulencia alimenticia y las causas de la marginalidad y la exclusión.

La antigua obra de misericordia "dar de comer al hambriento" supone hoy una tarea que no queda reservada a la generosidad individual o a la distribución colectiva a la que suele recurrirse en casos de emergencia social.

La antigua consigna de la Confederación General del Trabajo de la Argentina, "paz, pan y trabajo", resumió en la década del 80 que una adecuada alimentación supone la posibilidad de ganar el pan con el trabajo porque: "trabajo sin pan no es justicia, y pan sin trabajo no es dignidad".

Cuando existe la posibilidad de trabajar, la ociosidad y la haraganería se convierten en verdaderas fallas. Pablo de Tarso escribe a los cristianos de Tesalónica: "Les ordenamos en nombre de nuestro Señor Jesucristo que se aparten de todo hermano que lleve una vida ociosa, contrariamente a la enseñanza que recibieron de nosotros.

"Porque ustedes ya saben cómo deben seguir nuestro ejemplo. Cuando estábamos entre ustedes, no vivíamos como holgazanes y nadie nos regalaba el pan que comíamos. Al contrario, trabajábamos duramente día y noche, hasta cansarnos, con tal de no ser una carga para ninguno de ustedes. Aunque teníamos el derecho de proceder de otra manera, queríamos darles un ejemplo para imitar.

"En aquella ocasión les impusimos esta regla: el que no quiera trabajar que no coma. Ahora, sin embargo, nos enteramos de que algunos de ustedes viven ociosamente, no haciendo nada y entrometiéndose en todo. A éstos les mandamos y les exhortamos en el Señor Jesucristo que trabajen en paz para ganarse su pan" (II Tesalonicenses 3, 6-12).

La obligación de trabajar para alimentarse se convierte así en el derecho fundamental de poder trabajar para poder vivir.

Las alarmantes cifras sobre el hambre están íntimamente relacionadas con la falta de puestos de trabajo y de salarios justos. Muchas enfermedades endémicas son producto del bajo consumo de calorías y las muertes que producen deberían incorporarse a las crueles estadísticas del hambre. El subdesarrollo no es casual. "Existen países subdesarrollados y países subdesarrollantes", decía el Padre Carlos Mugica, asesinado en 1974.

La solidaridad con los desocupados

Es cierto que ya algunos pensadores comienzan a advertir sobre "la crisis del capitalismo global", pero por ahora los más afectados son los hombres y mujeres que no pueden alcanzar el derecho a adquirir con el esfuerzo de su trabajo el sustento personal y familiar.

"La automatización, está logrando que el funcionamiento de las fábricas se consiga sin emplear más que un número muy reducido de obreros, como es el caso de una conocida empresa japonesa, que luego de automatizar una de sus factorías pasó a tener sólo tres hombres –los que manejaban la consola central de la organización– en lugar de los ¡tres mil! que tenía antes.

"Una parte considerable de la población pasa a estar desocupada y con hambre. En realidad, estamos ante uno de los problemas más complicados del futuro mediato" (Gregorio Klimovsky).

La "Campaña de la Fraternidad" que organizan los Obispos del Brasil durante el tiempo de Cuaresma tuvo en 1999 el lema "Sin trabajo, ¿por qué?", proponiendo acciones conjuntas de las comunidades que se hacen solidarias con los desocupados y que pueden también hoy tener valor programático:

"Cada comunidad procure organizar, junto con los desocupados y desocupadas, por lo menos una incitativa de trabajo que posibilite mejorar sus condiciones de vida. Pueden ser iniciativas rurales o urbanas, de producción, de artesanía, de prestación de servicios, de comercialización de productos...

"Es preciso trabajar con pedagogía liberadora, garantizando la participación de todos en el proceso y en la capacitación necesaria. No podemos limitar la dimensión profética de la Campaña de Fraternidad a las denuncias de las causas de la desocupación y de la exclusión social, aunque sigan, sean una práctica indispensable.

"Anunciar y testimoniar, implementando alternativas, dando fuerza moral a nuestras palabras, probando que es posible enfrentar la situación con pocos recursos. Estas acciones prácticas han de unirse a la formulación de propuestas políticas sociales públicas, y a la construcción de una sociedad organizada a partir de los valores anunciados y vividos por Jesús".

Francisco cita a estos Obispos que poco después afirmaron: "Viendo las miserias del pueblo, escuchando sus clamores y conociendo sus sufrimientos, nos escandaliza el hecho de saber que existe alimento suficiente para todos y que el hambre se debe a la mala distribución de los bienes y de las rentas. El problema se agrava con la práctica generalizada del desperdicio (*La alegría del Evangelio*, 191).

Si alguna vez Josué de Castro pudo escribir una Geopolítica del Hambre es porque esta gravísima carencia no se presenta sólo como el sufrimiento individual de aislados marginales, sino como un problema eminentemente político, en el nivel de la estrategia que abarca aspectos humanos, económicos y sociales, por los que "no se debe excluir la socialización en las condiciones oportunas de los medios de producción" (san Juan Pablo II).

La propiedad privada y los privados de propiedad

El trabajo de cada hombre y mujer se incorpora a una cadena de producción que ya adquiere características globalizadas. Un empresario chileno obtiene el préstamo de un banco alemán para capitalizar la fabricación de un producto con materia prima de Bolivia, mano de obra de Taiwán, distribución española y comercialización en una red de supermercados franceses con filiales en Estados Unidos. Una injusticia en este proceso pone en crisis la ética de la propiedad de los medios de producción como un derecho absoluto.

"El hombre trabaja para cubrir las necesidades de su familia, de la comunidad de la que forma parte, de la Nación y en definitiva de toda la humanidad. Colabora también en la actividad de los que trabajan en la misma empresa e igualmente en el trabajo de los proveedores o en el consumo de los clientes, en una cadena de solidaridad que se extiende progresivamente.

"La propiedad de los medios de producción, tanto en el campo industrial como agrícola, es justa y legítima cuando se emplea para un trabajo útil; pero resulta ilegítima cuando no es valorada o sirve para impedir el trabajo de los demás y obtener unas ganancias que no son fruto de la expansión global del trabajo y de la riqueza social, sino más bien de su compresión, de la explotación ilícita, de la especulación y de la rotura de la solidaridad en el mundo laboral. Este tipo de propiedad no tiene ninguna justificación y constituye un abuso ante Dios y los hombres.

"La obligación de ganar el pan con el sudor de la propia frente supone al mismo tiempo un derecho. Una sociedad en la que este derecho se niegue sistemáticamente y las medidas de política económica no permitan a los trabajadores alcanzar niveles satisfactorios de ocupación no puede conseguir su legitimación ética ni la justa paz social" (san Juan Pablo II: *Centesimus Annus,* n. 43).

La desocupación no escapa a los países que se han desarrollado con economías fuertes y abundantes. Los empleos estables son reemplazados por ocasiones de trabajos precarios, los sindicatos disminuyen el número de afiliados y la abundancia de mano de obra permite la oferta de puestos con salarios de muy bajos niveles.

Además algunos gobiernos y empleadores estimulan la inmigración clandestina para abaratar la mano de obra, ya que quienes carecen de documentos tienden a aceptar las tareas peor remuneradas, en trabajos informales y sobre todo sin cobertura legal, es decir, en negro.

Nuevas políticas económicas y sociales requieren de audacia para superar el esquema simplista del neoliberalismo.

El legítimo y natural derecho a la propiedad privada exige sistemas que posibiliten en procesos rápidos y lúcidos que cada familia sea propietaria de su vivienda y además copropietaria y cogestora de las tierras, talleres y empresas que junto con los que aportan inversiones, técnicas y dirección gerencial producen los bienes necesarios para una excelente supervivencia en todos los países del mundo.

El artículo 14 bis de la Constitución de la Nación Argentina, promulgado hace 60 años y poco conocido entre los ciudadanos del país reconoce derechos que todavía no se han plasmado en leyes y decretos: "El trabajo en sus diversas formas gozará de la protección de las leyes, las que asegurarán al trabajador: condiciones dignas y equitativas de labor, jornada limitada; descanso y vacaciones pagados; retribución justa; salario mínimo vital móvil; igual remuneración por igual tarea; participación en las ganancias de las empresas, con control de la producción y colaboración en la dirección...”

Según el Papa Francisco, escuchar el clamor de las necesidades de los pobres y responder concretamente no es una tarea reservada a unos pocos:

La Iglesia, guiada por el Evangelio de la misericordia y por el amor al hombre, escucha el clamor por la justicia y quiere responder a él con todas sus fuerzas.

En este marco se comprende el pedido de Jesús a sus discípulos: «¡Denles ustedes de comer!» (Mc 6, 37), lo cual implica tanto la cooperación para resolver las causas estructurales de la pobreza y para promover el desarrollo integral de los pobres, como los gestos más simples y cotidianos de solidaridad ante las miserias muy concretas que encontramos.

La palabra «solidaridad» está un poco desgastada y a veces se la interpreta mal, pero es mucho más que algunos actos esporádicos de generosidad. Supone crear una nueva mentalidad que piense en términos de comunidad, de prioridad de la vida de todos sobre la apropiación de los bienes por parte de algunos.

La solidaridad es una reacción espontánea de quien reconoce la función social de la propiedad y el destino universal de los bienes como realidades anteriores a la propiedad privada. La posesión privada de los bienes se justifica para cuidarlos y acrecentarlos de manera que sirvan mejor al bien común, por lo cual la solidaridad debe vivirse como la decisión de devolverle al pobre lo que le corresponde.

Estas convicciones y hábitos de solidaridad cuando se hacen carne abren camino a otras transformaciones estructurales y las vuelven posibles. Pero un cambio en las estructuras sin generar nuevas convicciones y actitudes dará lugar a que esas mismas estructuras tarde o temprano se vuelvan corruptas, pesadas e ineficaces" (Exhortación *La alegría del Evangelio*, n° 188/9).

El pedido creyente "danos hoy nuestro pan de cada día" incluye el trabajo cotidiano que permite adquirirlo, y ese "pan" es alimento, remedios, abrigo...

Las palabras de Jesús de Nazaret en el Juicio Final: "porque tuve hambre y me dieron de comer" (véase Mateo 25, 31-46) pueden entenderse en la actualidad como un nuevo llamado solidario: "Porque tuve hambre y ustedes me ofrecieron trabajo... cuando lo hicieron con el más pequeño de mis hermanos y de mis hermanas y con los pueblos más pobres de la tierra".

3

Dar de beber al sediento y cuidar la ecología

El evangelio de Mateo presenta dos veces a Jesús haciendo referencia al acto solidario de dar de beber.

La primera menciona con énfasis el tema cuando dirige sus instrucciones a los discípulos: "Les aseguro que cualquiera que dé de beber, aunque sólo sea un vaso de agua fresca a uno de estos pequeños por ser mi discípulo, no quedará sin recompensa" (Mateo 10,42).

La segunda vez Jesús se refiere al tema en clave social, cuando se dirige a los pueblos que asisten al Juicio Final: "Vengan, benditos de mi Padre, a heredar el reino preparado para ustedes desde la creación del mundo. Porque tuve hambre y ustedes me dieron de comer, tuve sed y ustedes me dieron de beber...Les aseguro: cada vez que lo hicieron con el más pequeño de mis hermanos, lo hicieron conmigo" (véase Mateo 25,31-46).

La sed y el cuidado del agua fue un problema que enfrentaron los pueblos antiguos, especialmente los nómades, que debían satisfacer a la tribu y a los animales, o los habitantes del desierto que orientaban sus pasos guiándose por los pozos y los oasis.

Rebeca da de beber al servidor de Abraham y a sus camellos y a cambio recibe el ofrecimiento de convertirse en la mujer de Isaac, integrando así la cadena de los patriarcas de Israel: "Tu eres nuestra hermana, sé madre de miles y miles; que tu descendencia conquiste las ciudades enemigas" (véase Génesis, 24).

Por su parte Jacob, entusiasmado ante la presencia de la hermosa Raquel, hace un enorme esfuerzo para correr la piedra que tapaba el pozo donde habrían de beber rebaños y pastores (véase Génesis 29).

Para el profeta Isaías el agua es respuesta divina ante las necesidades del pobre, y señal de justicia y felicidad. "Los pobres y los indigentes buscan agua en vano, su lengua está reseca por la sed. Pero yo el Señor les responderé, yo el Dios de Israel no los abandonaré. Haré brotar ríos en las cumbres desiertas y manantiales en medio de los valles; convertiré el desierto en estanques, la tierra árida en vertientes de agua" (Isaías 41,17-18).

Siglos más tarde, Jesús llega cansado hasta el Pozo de Jacob y destruye los prejuicios nacionalistas que impedían a un judío dirigirse a un samaritano. Pide de beber a una samaritana que va a sacar el agua. Pero destruye también los prejuicios culturales que impedían que un maestro varón iniciara un diálogo con una mujer. Le ofrece en cambio un agua que habrá de convertirse en un manantial que brotará hasta la vida eterna: "El que beba agua de ésta vuelve a tener sed; el que beba el agua que yo voy a dar nunca más tendrá sed: porque esa agua se le convertirá dentro en un manantial que salta dando una vida sin término" (Juan 4, 7-15).

Un vaso de agua, un pozo, un cántaro o una canilla son modos muy concretos de posibilitar el crecimiento de la vida y de colorear el ambiente con el rumor de plantas, animales y seres humanos.

El relato de *El Principito* fue escrito a partir de la experiencia de la búsqueda de un pozo de agua y acaba cuando el protagonista y el aviador perdido en el desierto culminan con el encuentro tan ansiado:

"–Tengo sed de esta agua –dijo el principito–. Dame de beber...

"Y comprendí lo que había buscado.

"Levanté el balde hasta sus labios. Bebió con los ojos cerrados. Todo era bello como una fiesta. El agua no era un alimento. Había nacido de la marcha bajo las estrellas, del canto de la roldana, del esfuerzo de mis brazos. Era buena para el corazón, como un regalo" (Antoine de Saint Exupéry).

El agua y la calidad de vida

La sed que a nivel individual puede resolverse en el vaso generosamente entregado, con el cántaro de antigua arcilla o con el balde de plástico en la canilla de la villa, adquiere dimensiones más complejas cuando se mira en clave de multitud.

La primera plaga con la que Moisés trató de golpear al Faraón fue la de convertir en sangre el agua del río Nilo, de tal manera que los egipcios debieron recurrir a excavaciones para resolver el problema (véase Éxodo 7).

A su vez el pueblo hebreo que salió de la opresión de Egipto cruzando las protectoras aguas del Mar Rojo, comienza a protestar contra Moisés cuando se siente acosado por la sed. "¿Por qué nos hiciste salir de Egipto, para que muramos aquí de sed, junto con nuestros hijos y nuestro ganado? Moisés clamó al Señor: ¿Qué hago con este pueblo?". El Dios de la Libertad y de la Vida inspiró a Moisés para que golpeara la roca de Horeb, porque de allí brotaría el agua para dar de beber al pueblo (véase Éxodo 17).

Una vez instalados en la tierra prometida, la organización sedentaria en las ciudades requerirá nuevas respuestas masivas. El abastecimiento de agua llevará a los inicios de la ingeniería hidráulica, que tendrá en cuenta los momentos de ataque y sitio de fortalezas y poblaciones.

Ya los cananeos habían propuesto tres distintos sistemas acuíferos que fueron aprovechados por los israelitas. Como las ciudades estaban edificadas sobre colinas se utilizaban galerías que conducían el agua desde alguna vertiente exterior a la muralla de defensa, se cavaban pozos muy profundos en la misma ciudad y finalmente se construían cisternas para contener el agua de la lluvia.

En 1992 la Asamblea General de las Naciones Unidas fijó el 22 de Marzo como Día Mundial del Agua, considerando que en el siglo que se inicia será la escasez del agua y no la insuficiencia de la tierra, el principal problema para el incremento de la producción agrícola en los países en desarrollo.

En la actualidad alrededor de 450 millones de personas en 29 países enfrentan problemas para el abastecimiento personal y sobre todo para los regadíos, calculándose una expansión de las dificultades en el Oriente Medio, el África, y parte de China. En Europa la mitad de los lagos de agua dulce se han contaminado.

El viejo Támesis de Londres ha recuperado su fisonomía y los peces volvieron a sentirse parte de su paisaje; en cambio el Río de la Plata, el más ancho del mundo, continúa ostentando en su ribera argentina por casi 100 kilómetros el severo cartel: "Prohibido bañarse, aguas contaminadas".

La urbanización y la tecnificación agraria exigen nuevas soluciones para "dar de beber al sediento". La potabilización del agua que se ha de ingerir, el aprovechamiento de los ríos a través de diques reguladores y canales de conducción, los motores bombeadores en zonas de napas potables, la extracción con molinos de acción eólica y la distribución masiva del "agua mineral", han de ser abarcadas por planes de iniciativa privada y estatal, y diseñadas en el marco de políticas de desarrollo y bienestar indispensable. Además se tendrá que estudiar la manera de volver a llenar las napas subterráneas, desarrollar inodoros que no necesiten líquido, y la producción biotecnológica de plantas más resistentes a las sequías.

Una ecología solidaria

El agua es uno de los parámetros que miden el interés por la calidad de vida de una nación, pero ahora se agrega toda la cadena de la relación ecológica.

El agujero de ozono, la contaminación ambiental en las grandes ciudades, los desechos industriales y la posibilidad de la proliferación de satélites en desuso extienden la responsabilidad por el cuidado de la naturaleza hasta los suburbios del planeta.

La feroz tala de árboles en la región del Amazonas, obliga a poblaciones enteras a emigrar en busca de nuevos horizontes donde sea posible encontrar tierras con suficiente humedad para asentarse y continuar obteniendo un magro alimento.

"¡Cuántos abusos y daños ecológicos se dan también en muchas regiones americanas! Baste pensar en la emisión incontrolada de gases nocivos o en el dramático fenómeno de los incendios forestales, provocados a veces intencionadamente por personas movidas por intereses egoístas.

"Estas devastaciones pueden conducir a una verdadera desertización de no pocas zonas de América con las inevitables secuelas de hambre y miseria.

"El problema se plantea con especial intensidad en la selva amazónica, inmenso territorio que abarca varias naciones: del Brasil a la Guayana, a Surinam, Venezuela, Colombia, Ecuador, Perú y Bolivia. Es uno de los espacios naturales más apreciados del mundo por su diversidad biológica, siendo vital para el equilibrio ambiental de todo el planeta" (san Juan Pablo II: *La Iglesia en América*).

Tuve sed y ustedes...

El Juicio Final que Jesús anuncia a los pueblos, "tuve sed y ustedes me dieron de beber... ustedes no me dieron de beber" (véase Mateo 25,31-46) conduce a una relectura social que va más allá del valioso vaso de agua.

Si el agua es tomada como símbolo de la ecología planetaria, el examen incluirá la responsabilidad de las naciones en el cuidado total de la naturaleza y el respeto de los grupos más poderosos resguardando el derecho de los pueblos más pobres a su armonioso espacio vital.

Una inadecuada lectura del mandato de Dios dirigido a la humanidad en los orígenes: "llenen la tierra y sométanla" (Génesis 1,28) convirtió a la naturaleza en un campo de devastación. Donde se abrieron surcos fecundos, van apareciendo desiertos inhóspitos; mientras la meseta espera su regadío, se discute la posibilidad de convertirla en basurero nuclear de los países industrializados.

La legislación bíblica es tan cuidadosa de terrenos, plantas y animales que prescribe normas minuciosas, incluso para los tiempos de la guerra o para las necesidades más íntimas.

"Si para conquistar una ciudad tienes que asediarla mucho tiempo, no destruirás sus árboles a golpe de hacha. Come de sus frutos, pero no los cortes. ¿Acaso los árboles del campo son hombres, para que los hagas también a ellos víctimas del asedio?

"Si mientras vas caminando, encuentras en un árbol o en el suelo un nido de pájaros con pichones o con huevos, y la madre está echada encima de ellos, no tomes a la madre con su cría".

"Llevarás una estaca en tu equipaje, y cuando salgas fuera del campamento para hacer tus necesidades, cavarás un hoyo con la estaca y luego lo volverás a tapar para cubrir tus excrementos" (Deuteronomio 20,19; 22,6; 23,13).

El Apocalipsis inaugura un tiempo posterior al toque de la trompeta del Séptimo Ángel con la recuperación del señorío del mundo por parte de Dios y del castigo a quienes lo convirtieron en una devastación: "El dominio del mundo ha pasado a manos de nuestro Señor y de su Mesías...llegó el momento...de arruinar a los que arruinaron la tierra" (véase Apocalipsis 11,15-18).

La ecología solidaria con el mundo y con sus pueblos

"El hombre, impulsado por el deseo de tener y gozar, más que de ser y de crecer, consume de manera excesiva y desordenada los recursos de la tierra y su misma vida. En la raíz de la insensata destrucción del ambiente natural hay un error antropológico, por desgracia muy difundido en nuestro tiempo...

"El hombre cree que puede disponer de la tierra, sometiéndola sin reserva a su voluntad, como si ella no tuviese una fisonomía propia y un destino anterior dados por Dios y que el hombre puede desarrollar ciertamente, pero no debe traicionar...

"Es un deber del Estado proveer a la defensa y tutela de los bienes colectivos, como son el ambiente natural y el ambiente humano, cuya salvaguardia no puede estar asegurada por los simples mecanismos de mercado.

"Así como en tiempos del viejo capitalismo, el Estado tenía el deber de defender los derechos fundamentales del trabajo, así ahora, con el nuevo capitalismo, el estado y la sociedad tienen el deber de defender los bienes colectivos, que entre otras cosas constituyen el único marco dentro del cual es posible para cada uno conseguir legítimamente sus fines individuales" (san Juan Pablo II: *Centesimus Annus*).

La denuncia del consumismo, el cuidado de la tierra por parte de quienes la habitamos y del Estado fue formulada por san Juan Pablo II en 1991. Francisco vuelve al problema, para recordarnos que también la misericordia es cuidar la fragilidad del pueblo y del mundo en que vivimos.

"Hay otros seres frágiles e indefensos, que muchas veces quedan a merced de los intereses económicos o de un uso indiscriminado. Me refiero al conjunto de la creación. Los seres humanos no somos meros beneficiarios, sino custodios de las demás criaturas.

"Por nuestra realidad corpórea, Dios nos ha unido tan estrechamente al mundo que nos rodea, que la desertificación del suelo es como una enfermedad para cada uno, y podemos lamentar la extinción de una especie como si fuera una mutilación.

"No dejemos que a nuestro paso queden signos de destrucción y de muerte que afecten nuestra vida y la de las futuras generaciones.

"En este sentido, hago propio el bello y profético lamento que hace varios años expresaron los Obispos de Filipinas: «Una increíble variedad de insectos vivían en el bosque y estaban ocupados con todo tipo de tareas [...] Los pájaros volaban por el aire, sus plumas brillantes y sus diferentes cantos añadían color y melodía al verde de los bosques [...] Dios quiso esta tierra para nosotros, sus criaturas especiales, pero no para que pudiéramos destruirla y convertirla en un páramo [...] Después de una sola noche de lluvia, mira hacia los ríos de marrón chocolate de tu localidad, y recuerda que se llevan la sangre viva de la tierra hacia el mar [...] ¿Cómo van a poder nadar los peces en alcantarillas como el río Pasig y tantos otros ríos que hemos contaminado? ¿Quién ha convertido el maravilloso mundo marino en cementerios subacuáticos despojados de vida y de color?».

"Pequeños pero fuertes en el amor de Dios, como san Francisco de Asís, todos los cristianos estamos llamados a cuidar la fragilidad del pueblo y del mundo en que vivimos" (Francisco, *La alegría del Evangelio*, 215).

¿Qué has hecho
de tu hermano sin techo?

Otra tradicional obra de misericordia prescribe: "dar posada al peregrino" y recuerda el momento del futuro juicio final, en el que Jesús se identifica con el pobre: "Estaba de paso y ustedes me alojaron..." (Mateo 25,42).

La hospitalidad fue una actitud fundamental en los pueblos del Oriente, y en el Antiguo Testamento, Abraham es presentado como el prototipo del hombre que se desvive por atender a tres viajeros que pasan delante de su tienda, desconociendo que se trataba de mensajeros del Señor (véase Génesis 18,1-16). Su primo Lot también los aloja en su casa de Sodoma y llega incluso a ofrecer sus hijas vírgenes para evitar que sus huéspedes sean violados por sus corrompidos vecinos (véase Génesis 19,1-11).

Job prueba su inocencia porque "ningún extranjero pasaba la noche afuera y abría la puerta al caminante" (Job 31,31) y el profeta Isaías incluye entre los actos que agradan al Señor "albergar a los pobres sin techo" (Isaías 58, 7).

Jesús, nacido en un pesebre porque no había lugar en el albergue (véase Lucas 2, 7) envía sus discípulos a invocar la paz sobre toda casa que los reciba, pero de la casa que los rechace habrán de sacudirse hasta el polvo de los pies (véase

Mateo 10,11-15).

La carta a los Hebreos presenta la hospitalidad como una dimensión del amor fraterno. "No se olviden de practicar la hospitalidad, ya que gracias a ella, algunos sin saberlo, hospedaron a los ángeles" (Hebreos 13,12).

La hospitalidad cristiana

La historia cristiana presenta algunas concreciones prácticas. San Benito prescribe en su Regla a los Monjes que el huésped ha de ser tratado como el mismo Cristo y numerosos santuarios han establecido una "casa de peregrinos" para todos los que vienen de lejos. Más de una vez la familia reduce su espacio para poder ofrecer un lugar al visitante imprevisto, al vecino que acaba de sufrir la destrucción de la casa o al pariente desalojado.

"En especial hay que destacar la importancia cada vez mayor que en nuestra sociedad asume la hospitalidad, en todas sus formas, desde el abrir la puerta de la propia casa y más aún la del propio corazón, a las peticiones de los hermanos, al compromiso concreto de asegurar a cada familia su casa, como ambiente natural que la conserva y la hace crecer. Sobre todo la familia cristiana está llamada a escuchar el consejo del apóstol: "Sean solícitos en la hospitalidad" (Romanos 12,13) y por consiguiente en practicar la recepción del hermano necesitado..." (san Juan Pablo II: *Familiaris consortio*, n. 44).

La casa y la vivienda

Para ejercitar la hospitalidad se necesita una apertura personal y un lugar que pueda brindarse más allá de su valor económico. "Lo esencial para la vida es el agua, el pan, la ropa y una casa para albergarse dignamente. Más vale vida de pobre en una cabaña que comida suntuosa en casa ajena"

(Eclesiástico 29,21-22).

Construir y disfrutar inicialmente de una casa es un valor incalculable. A tal punto que el antiguo Israel se exime del deber de la guerra a los que se encuentran en esta circunstancia. "Los escribas dirán a la tropa: ¿Alguien construyó una casa nueva y todavía no la estrenó? Que se retire y vuelva a su casa, no sea que muera en el combate y otro hombre la estrene" (Deuteronomio 20,5).

La palabra hebrea *bayt* designa al mismo tiempo la vivienda y la familia que la habita y Jesús utilizará una imagen edilicia para referirse al encuentro con Dios más allá de la muerte: "En la casa de mi Padre hay muchas moradas... voy a prepararles un lugar" (Juan 14,2).

En sentido opuesto, una de las más grandes desgracias que podían ocurrirle al pueblo era la guerra, que arrasaba campos y ciudades y concluía en el exilio, lejos de la tierra familiar de los padres (véase Lamentaciones 2,2).

También la vivienda podía ser ocasión de una suntuosidad que hiere la dignidad del pobre y merece la condena del profeta: "Derribaré la casa de invierno junto con la casa de verano, desaparecerán las casas de marfil y las mansiones se derrumbarán" (Amós 3,12).

Hombres y mujeres sin techo

"¿Qué has hecho de tu hermano sin techo?' Es con esa pregunta de trasfondo bíblico que se ha de enfrentar el actual problema de las familias que carecen de una vivienda digna, o peor aún, el de «los sin techo».

"No es sólo un hecho de carencia o privación. Es la carencia o privación de algo debido y por consiguiente, se trata de una injusticia. La persona o la familia que sin culpa suya directa carece de una vivienda decente, es víctima de una injusticia...

porque sin vivienda no pueden vivir dignamente como personas o como familias... El derecho a la vivienda es un derecho universal" (Pontificia Comisión "Justicia y Paz": *¿Qué has hecho de tu hermano sin techo?*, III,2).

En la búsqueda de un techo

La situación es muy grave. Los cálculos realizados por las Naciones Unidas mostraron con frío realismo el número de habitantes del planeta que viven en sistemas económico–sociales incapaces hasta el momento de asegurar a su pueblo la vivienda.

Mil millones de personas (un 20% de los habitantes del mundo) carece de vivienda digna y cien millones no tienen ningún techo o refugio habitacional. Europa Occidental tiene más de un millón de ciudadanos sin alojamiento digno y el 45% de la población mundial urbana vive en barrios y villas de emergencia en los cinturones de miseria de las grandes concentraciones de las ciudades.

El fenómeno de la concentración urbana se agudiza, (en 1950 vivía en las ciudades el 30%; en 1980, el 40%; en el 2000, alrededor del 50%) y permite pronosticar que a medida que pasen los años la mitad de la población de las megalópolis vivirá en zonas marginales.

"Es un hecho cierto que en algunas grandes ciudades el número de viviendas sin habitar sería suficiente para acoger a la mayor parte de los sin techo, aun siendo estos últimos bastante numerosos. Existen personas sin casa, pero existen también casas sin personas dentro...

"La propiedad está al servicio de la persona. Toda práctica de especulación que desvía el uso de la propiedad de su función al servicio de la persona debe ser considerada un abuso...

"Y aunque sea legítimo desde el punto de vista jurídico, el recurso del desalojo judicial determina una serie de interrogantes éticos cuando están en juego personas que no tienen otra vivienda" (Pontificia Comisión "Justicia y Paz": *op cit*, XXIII,3).

La tierra aborigen

En los dificultosos procesos del cruce de grupos étnicos y culturas, muchas veces los primeros habitantes de la tierra, los que están desde "el origen", los aborígenes ya no tienen derecho a un mínimo de las propiedades heredadas de sus antepasados ni de sus parcelas para conservar la identidad cultural.

Han sido despojados por los nuevos "civilizadores" que como en la Patagonia estaban más interesados en el desarrollo del ganado lanar en grandes estancias, que en la integración con la Confederación organizada por el Cacique Calfucurá y el pueblo mapuche.

–¡Cómo nos encontramos, después de haber sido dueños de esta tierra! Estamos sin amparo... –comenta el beato Ceferino Namuncurá a su padre Manuel, el último rey de las Pampas.

"Si la Iglesia en América, fiel al Evangelio de Cristo, desea recorrer el camino de la solidaridad, debe dedicar una especial atención a aquellas etnias que todavía hoy son objeto de discriminaciones injustas. En efecto, hay que erradicar todo intento de marginación contra las poblaciones indígenas. Ello implica, en primer lugar, que se deben respetar sus tierras y los pactos contraídos con ellos, hay que atender a sus legítimas necesidades sociales, sanitarias y culturales. Habrá que recordar la necesidad de reconciliación entre los pueblos indígenas y las sociedades en las que viven" (san Juan Pablo II: *La Iglesia en América*).

Muchas veces casas y terrenos sin uso son ocupados por los inmigrantes de los países limítrofes, o de provincias empobrecidas que buscan una mejor situación alrededor de la ilusión de las grandes ciudades. En otros casos, en tierras inhóspitas e inundables se desarrolla un pueblerío de viviendas precarias. El Movimiento de los Sin Tierra de Brasil grita su reclamo constante frente al despilfarro de improductivos latifundios.

El lote del inmigrante

También el fenómeno de la inmigración requiere una mirada histórica y solidaria.

En la Argentina somos muchos los hijos y nietos de inmigrantes europeos, otros tantos de los países de la patria Latinoamericana y casi siempre alguien de nuestra familia salió de su suelo natal en un difícil desarraigo y con gran esfuerzo logró establecerse en su nuevo destino.

Un desprecio contra el "extranjero" repite el sufrimiento de nuestros antepasados y de algunos todavía testigos vivos por encontrar su lugar en el mundo, comenzando por un pequeño lote y una casa precaria con huerta y gallinero al fondo.

La dificultad del pobre inmigrante de nuestros países cercanos –paraguayos, bolivianos, uruguayos, chilenos y peruanos– para encontrar techo y legalidad proviene de una discriminación basada en la economía y en el color de la piel. ¿Son acaso excluidos los generalmente blancos y rubios inversores de capitales golondrinas dispuestos a emprender raudo vuelo en cuanto aparece una posibilidad de un mayor rendimiento financiero?

Los sospechosos y excluidos son los hombres y mujeres mestizos, pero sobre todo pobres. Hasta la Policía declara que pide documentos por los rasgos de la cara, haciendo al oscurecido latinoamericano culpable por portación de rostro.

Eduardo Galeano, en *Patas Arriba* cuenta la situación vivida en 1997 por tres hombres negros que circulaban en un automóvil nuevo, con chapa oficial. Un policía los interceptó y los tuvo manos arriba y de espaldas interrogándolos con insistencia dónde habían robado el vehículo. Uno de ellos, Edivaldo Brito, era el secretario de Justicia del gobierno de San Pablo. Los otros dos pertenecían a su Secretaría. Esta situación le había ocurrido a Brito cinco veces en menos de un año. El policía que los había detenido también era negro.

"La Iglesia en América debe ser abogada vigilante que proteja contra todas las restricciones injustas, el derecho natural de cada persona a moverse libremente dentro de su propia nación y de una nación a otra. Hay que estar atentos a los derechos de los emigrantes y de sus familias, y al respeto de su dignidad humana, también en los casos de inmigraciones no legales" (san Juan Pablo II: *La Iglesia en América*).

Un reclamo a la solidaridad ha llevado a instituciones públicas y privadas a desarrollar planes de gran aliento, reformas en la propiedad de la tierra, promoción de zonas abandonadas con instalación de servicios eléctricos y de agua potable, sistemas de construcción por "autoemprendimiento" y por "ayuda mutua", cooperativas de vivienda, diseño a nivel humano de ciudades-dormitorios, dedicados especialmente a los más pobres y a las familias de escasos recursos.

"En un mundo basado en el dinero es un gran castigo para millones de personas negarles el acceso al más mínimo crédito con la excusa de que por ser pobres no pueden devolver un préstamo. Nosotros en Bangla Desh, con el Grameen Bank (el Banco que cuenta hoy con más de 1100 sucursales y más de 2,4 millones de tomadores de crédito) hemos constatado que los más pobres son, precisamente, los que mejor cumplen.

"El 94% de los que reciben el crédito de nuestro Banco son mujeres y ellas no pierden la oportunidad que les puede servir para tener un techo propio y una vida digna para sus familias" (Muhammad Yunus, economista de la India).

Barrios cerrados y ciudades abiertas

Las viviendas familiares suelen agruparse en barrios y ciudades que conectan a los vecinos compartiendo los beneficios y las dificultades propias de la convivencia. "Al mismo tiempo, lo que podría ser un precioso espacio de encuentro y solidaridad, frecuentemente se convierte en el lugar de la huida y de la desconfianza mutua.

"Las casas y los barrios se construyen más para aislar y proteger que para conectar e integrar. La proclamación del Evangelio será una base para restaurar la dignidad de la vida humana en esos contextos, porque Jesús quiere derramar en las ciudades vida en abundancia" (cf. Juan 10,10).

El sentido unitario y completo de la vida humana que propone el Evangelio es el mejor remedio para los males urbanos... Vivir a fondo lo humano e introducirse en el corazón de los desafíos como fermento testimonial, en cualquier cultura, en cualquier ciudad, mejora al cristiano y fecunda la ciudad.

¡Qué hermosas son las ciudades que superan la desconfianza enfermiza e integran a los diferentes, y que hacen de esa integración un nuevo factor de desarrollo! ¡Qué lindas son las ciudades que, aun en su diseño arquitectónico, están llenas de espacios que conectan, relacionan, favorecen el reconocimiento del otro! (*La alegría del Evangelio*, 75 y 270).

La tradicional obra de misericordia, expandida en dimensión social, puede reformularse de este modo: "Dar posada al peregrino, procurar un techo para mi hermano y diseñar ciudades con espacios de encuentro y solidaridad globalizada".

La ropa y la justicia social

Los hombres justos preguntarán al final de la historia: "-Señor, ¿cuándo es que te vimos desnudo y te vestimos? Y el Rey les responderá: -Les aseguro que en la medida en que lo hicieron con el más pequeño de mis hermanos, lo hicieron conmigo... en la medida en que no lo hicieron con el más pequeño de mis hermanos, tampoco lo hicieron conmigo" (véase Mateo 25,31-46).

La protección al desnudo, una de las pruebas del Juicio Final, es mucho más que la tela que cubre el cuerpo. Según la tradición hebrea, el mismo Dios "hizo al hombre y a su mujer unas túnicas de pieles y los vistió" (Génesis 3,21), quizás como un gesto de envolvente protección ante el fracaso original.

Representa la laboriosidad de quien atiende el hogar y está atento a la armonía de la familia. Una buena ama de casa "aplica sus manos a la rueca y sus dedos manejan el uso... No teme por su casa cuando nieva, porque toda su familia tiene la ropa forrada. Ella misma se hace sus mantas y sus vestidos son de lino fino y púrpura... Confecciona telas finas y las vende y provee de cinturones a los comerciantes" (Proverbios 31,19-24).

El manto puede ser ocasión de acentuar un compromiso afectivo; Jonatán "hizo un pacto con David porque lo amaba como a sí mismo. Se despojó del manto que llevaba puesto y se lo dio a David y lo mismo hizo con su indumentaria y hasta con su espada, su arco y su cinturón" (1 Samuel 18,34).

El vestido se rasga ante el dolor, como Job cuando se entera de la muerte de sus hijos y como sus amigos cuando a su vez le ven sumergido en la desgracia (Job 1,20 y 2,12).

Una túnica de pelos de camello y un cinturón de cuero es la austera indumentaria de Juan el Bautista (Mateo 3,4); el rey Antíoco VI autoriza al sacerdote Jonatán a destacarse, "vestirse de púrpura y llevar un prendedor" (I Macabeos 11,58); y un especial atavío, "con todos sus adornos femeninos" permite a Judit embaucar a Holofernes y defender a su pueblo (Judit 12,15).

Ropa y justicia

Si la ropa es abrigo y expresión de la condición humana, su ausencia manifiesta frío, desprotección e injusticia.

Ya desde antiguo se prescribe en la organización de las tribus de Israel: "Si tomas en prenda el manto de tu prójimo, devuélveselo antes que se ponga el sol, porque ese es su único abrigo y el vestido de su cuerpo. De lo contrario ¿con qué dormirá? Y si él me invoca, yo el Señor lo escucharé, porque soy misericordioso" (Éxodo 22,25).

Los profetas insisten una y otra vez en la práctica de la justicia como ayuno agradable a Dios: "cubrir al que veas desnudo y no despreocuparte de tu propia carne" (Isaías 58,7).

En similar consonancia, la comunidad cristiana primitiva recibe advertencias sobre las discriminaciones provocadas por el atuendo exterior: "supongamos que cuando están reunidos, entra un hombre con un anillo de oro y vestido elegantemente y al mismo tiempo entra otro pobremente vestido. Si ustedes se fijan en el que está bien vestido y le dicen: Siéntate aquí, en el lugar de honor; y al pobre le dicen: Quédate allí, de pie, ¿no están haciendo acaso distinciones entre ustedes y actuando como jueces mal intencionados?' (Santiago 2,24).

Muchos siglos después, durante la revolución industrial, la producción textil adquiere dimensión social conflictiva y belicosa. Una de las causas por las que Inglaterra alentó la guerra de la Triple Alianza contra el Paraguay a fines del siglo pasado, fue la competencia de los telares de esa remota zona latinoamericana con los capitales de origen nórdico.

A su vez Gandhi presionó al poderoso Imperio Inglés en su lucha no violenta por la independencia de la India boicoteando la compra de las telas importadas y proponiendo que cada habitante se autoabasteciera con una túnica hilada en la propia rueca.

Una de las esclavitudes actuales es la existencia de talleres textiles clandestinos o el contrato que grandes empresas de modas establecen con países que pagan muy bajos salarios, no respetan horarios de sus trabajadores y permiten la ocupación infantil.

En la actualidad la tarea de "vestir al desnudo" como una de las obras de misericordia es abrigo ante las inclemencias del tiempo, es calzado que recorre el camino a la escuela, es adorno con sonoridad de fiesta popular, es posibilidad de una apuesta por la vida que incluye la dignidad del cuerpo y de quienes producen los productos que protegen nuestros cuerpos.

Los cuerpos desnudos

En su origen, los cuerpos del varón y la mujer fueron creados para realizarse en la efusión del amor y el encuentro, "ya no serán dos, sino una sola carne" (Génesis 2,24).

La historia de la humanidad es una sucesión de cuerpos maltratados y desgarrados por otros cuerpos. Lo recuerdan las fotografías de los campos de concentración, con harapientos esqueletos, última traza de humanidad; lo actualizan las imágenes televisivas de los heridos de las guerras, las injustas represiones de los Estados violadores de los derechos humanos de las narco-víctimas y de las persecuciones religiosas.

En extremo contraste, la imagen porno difundida en las tele emisoras reservadas, focaliza exageradamente el aspecto exterior de los cuerpos y vacía de sentido la estética femenina y masculina al detenerse en la superficialidad.

El varón –objeto y la mujer –objeto quedan absolutamente huecos de ternura y contenido humano, apenas recubiertos por una piel descartable con el deterioro del tiempo.

Cuando Jesús impide que la mujer sorprendida en adulterio sea triturada por las piedras de sus acusadores, no sólo protege un cuerpo femenino, también le reintegra el sentido pleno de su vida. "¿Alguien te ha condenado?... Yo tampoco te condeno. Vete, y no peques más" (Juan 8,10-11).

En un nivel definitivo, Jesús se muestra al mundo como el inocente injustamente desvestido. Los soldados romanos "lo vistieron con un manto de púrpura, hicieron una corona de espinas y se la colocaron... Se burlaron de él, le quitaron el manto de púrpura y le pusieron de nuevo su ropa... Después lo crucificaron y se repartieron su ropa, echándola a suertes..." (Marcos 15,16-24).

Al apropiarse de las injusticias y las explotaciones de los hombres, la Carne divina desnuda en la cruz recrea la integridad perdida por el desnudo Adán en el primer paraíso y otorga a un ladrón, también desnudo y crucificado, una promesa preñada de esperanza para todos: "Yo te aseguro, hoy estarás conmigo en el Paraíso" (Lucas 23,43).

La resurrección de los cuerpos

Proteger el cuerpo, abrigarlo, cubrirlo y proporcionarle el valor característico de lo humano es cuidar un débil grano con vocación de trascendencia.

Los primeros creyentes de Corinto recibirán para siempre el mensaje: "Lo que siembras no llegará a tener vida si antes no muere. Y lo que siembras no es la planta tal como va a brotar, sino un simple grano, de trigo por ejemplo...

"Lo mismo pasa con la resurrección de los muertos: se siembran cuerpos corruptibles y resucitarán incorruptibles, se siembran cuerpos humillados y resucitarán gloriosos, se siembran cuerpos débiles y resucitarán llenos de fuerza, se siembran cuerpos puramente naturales y resucitarán cuerpos espirituales" (I Corintios 15,35-44).

El juicio sobre todos los pueblos reunidos incluirá haber vestido al desnudo más pobre y respetado el cuerpo de cada mujer y cada hombre; el resultado positivo será que revestidos de inmortalidad tendremos una condición semejante a Cristo que al resucitar abandonó definitivamente las sábanas que envolvían su cuerpo (véase Lucas 24,12).

Entonces, reencontrados al fin unos con otros y plasmados por el proyecto original del Creador comprenderemos porqué "el hombre y la mujer estaban desnudos, pero no sentían vergüenza" (Génesis 2,25).

6

Abrir las rejas de la cárcel

"Estuve preso y ustedes me visitaron..." recuerda Jesús de Nazaret cuando presenta el Juicio de los Pueblos (véase Mateo 26,36) y en los oídos de los que recibieron el mensaje resonó como una tarea posible, ya que la relación con el detenido en ese tiempo, dependía de la mayor o menor severidad de las autoridades.

La institución carcelaria no estaba prevista como castigo ni en las leyes babilónicas ni en las trasmitidas por Moisés. En Egipto existía como un lugar de estadía provisoria, hasta tanto se dictara el fallo. Allí José, vendido por sus hermanos y encarcelado por su patrón, pudo interpretar los primeros sueños del panadero y del copero del Faraón y luego incluso los del propio monarca (Génesis 39,16 y 40,23).

Alrededor del siglo VIII a.C. se menciona la cárcel en Israel, (I Reyes 22,26), el encadenamiento del preso (Jueces 16,21), y el cepo de madera (Jeremías 20,2).

También en Roma la prisión era un período previo a la sentencia, el castigo podía ser la pena de muerte, los azotes o las multas económicas. En el período de la dominación romana en Judea, las autoridades del Sanedrín sólo podían detener a un hombre por delitos religiosos. Por eso Pedro y Juan fueron arrestados después de predicar la resurrección de Jesús (Hechos 4,3).

Los relatos del Nuevo Testamento mencionan los injustos arrestos de los Apóstoles y detallan desde las dos fuertes cadenas y la doble guardia en torno a Pedro en Jerusalén (Hechos 12,6) hasta la detención domiciliaria y un simple custodio para Pablo en Roma (Hechos 28,16).

Aunque de los textos puede deducirse la situación carcelaria, lo más importante es el interés por mostrar los sufrimientos de los testigos de la fe que arriesgan hasta su libertad personal para llevar adelante una coherencia de vida, una denuncia profética o un anuncio transgresor a juicio de las autoridades religiosas o civiles, de los que hoy también somos testigos..

En la Carta a los Hebreos, una vez más el amor solidario tiene rostro concreto. "Perseveren en el amor fraternal...Acuérdense de los que están presos, como si ustedes lo estuvieran con ellos" (13,1-3).

La cárcel. ¿Premio o castigo?

Las leyes del Estado y de las instituciones eclesiásticas que a partir del siglo IV fueron influyendo cada vez más preponderantemente en la sociedad tuvieron una cuota elevada de inhumanidad.

"En tiempos pasados, se recurrió de modo ordinario a prácticas crueles por parte de autoridades legítimas para mantener la ley y el orden, con frecuencia sin protesta de los pastores de la Iglesia, que incluso adoptaron, en sus propios tribunales, las prescripciones del derecho romano sobre la tortura...

"En tiempos recientes se ha hecho evidente que estas prácticas crueles no eran ni necesarias para el orden público ni conformes a los derechos legítimos de la persona humana. Al contrario, estas prácticas conducen a las peores degradaciones. Es preciso esforzarse por su abolición, y orar por las víctimas y sus verdugos" (Catic 2298).

La influencia de sectores de cristianos humanistas y otros defensores de la dignidad de hombres y mujeres originó una lenta transformación en el ámbito de las sanciones sociales. Mutilaciones y torturas se reemplazaron finalmente por el encierro con finalidad reeducativa.

Pero lo que fue una intuición humanizadora se convirtió rápidamente en una nueva situación de miseria y hacinamiento. La copla andaluza lo resume:

En el patio de la cárcel

hay escrito con carbón:

Aquí el bueno se hace malo

y el malo se hace peor.

El texto evangélico "estuve preso y me visitaron" se convirtió en una de las más importantes obras solidarias, y en el siglo XVI los humanistas españoles organizaron grupos de atención a las cárceles, ya que los detenidos eran considerados los más desgraciados entre los pobres.

En el siglo XVIII John Howard propone en Inglaterra una revisión total del sistema carcelario, la prevención del crimen y una nueva mentalidad que planteará un nuevo principio: las cárceles son para seguridad y no para castigo.

A partir de ese momento se produce una tensión entre la consideración de la persona del detenido y la situación real de la prisión. Los derechos humanos exigen celeridad en los juicios, igualdad de trato ante la ley, diversidad en los sistemas carcelarios (celdas de extrema seguridad, prisiones granjas, libertad vigilada o condicional), trato personalizado (posibilidad de estudios, visita de familiares, intimidad conyugal) y respeto por las prácticas religiosas.

La situación real de las prisiones incluyen largos períodos de cautiverio sin proceso, mejor calidad legislativa para el más poderoso económicamente, hacinamiento en pabellones comunes, alto riesgo de enfermedades de transmisión genital, muertes numerosas en motines y represiones.

Visitar a los presos se concreta en la presencia física pero se extiende a la carta oportuna, la pastoral carcelaria, el reclamo por las situaciones inhumanas, la defensa gratuita de los pobres, la reinserción afectiva y laboral del liberado, la presencia de la Cruz Roja y otras organizaciones no gubernamentales en centros de detención y campos de prisioneros.

Las penas y las rejas

El profeta Isaías exige al pueblo una religiosidad comprometida. "Este es el ayuno que yo amo: soltar las cadenas injustas, desatar los lazos del yugo, dejar en libertad a los oprimidos y romper toda atadura..." (Isaías 58,6).

Por eso una auténtica "visita a la cárcel" supone una especial atención a las situaciones de injusta detención, por motivos religiosos, políticos o de manipuleo jurídico, y a la firme determinación de superarlas.

Pero cabe una pregunta: ¿Toda prisión es injusta? ¿No es necesario proteger a la sociedad de criminales peligrosísimos y reincidentes? ¿Cómo actuar frente a los narcoterroristas o a las mafias sanguinarias? ¿Puede un violador transitar libremente por el hecho de obtener la libertad bajo fianza?

Con la teoría de la división de poderes, el Judicial asume la responsabilidad de determinar el justo castigo por el delito cometido. Si no existiera autoridad capaz de imponer penas, el entretejido social quedaría rasgado por todo el que atentara contra otro y no podría producirse la necesaria armonía del bien común.

El castigo intenta equilibrar la falta cometida, pero no tiene todavía el carácter de reparación. Una larga prisión impuesta a un homicida ni siquiera beneficia a la esposa de la víctima como lo haría un seguro de vida, y una multa permite continuar con exceso de velocidad al automovilista.

Si en cambio se incorpora una mentalidad reparadora será más fácil proponer que al automovilista apurado se le imponga el remolque de un vehículo que sufrió un desperfecto; al que provoca una herida se lo detenga por el tiempo requerido para lograr las varias extracciones de sangre que podrán destinarse al banco del hospital que atendió a la víctima; y el que evadió impuestos dedicados a la educación se vea obligado a pintar personalmente las paredes de una escuela.

Pero más allá de estos ejemplos que no interesa considerar al pie de la letra, el intento es estimular la imaginación para encontrar penas más solidarias y útiles. El método conocido como "probation" para quienes caen por primera vez en delitos menores es una posibilidad que no debe limitarse al cumplimiento de una tarea formal y esporádica.

La pena de muerte

"Hoy, como consecuencia de las posibilidades que tiene el Estado para reprimir eficazmente el crimen, haciendo inofensivo a aquel que lo ha cometido, sin quitarle definitivamente la posibilidad de redimirse, los casos en los que sea absolutamente necesario suprimir al reo, suceden muy rara vez, si es que ya en realidad se dan algunos" (CEC, 2267).

La pena de muerte, como castigo definitivo fue practicada y aún se mantiene más allá de las ideologías. En la cruz de los romanos murió Jesús de Nazaret, en la hoguera los "herejes" y "las brujas" condenados por la Inquisición Española, y por su opuesta, la de las tierras de Calvino, en la reformada Ginebra.

Mantienen la pena de muerte los capitalistas Estados Unidos de Norteamérica, las marxistas Cuba y China (la primera con un injusto bloqueo de 60 años, y la otra considerada como especial cliente) y países árabes influidos por el fundamentalismo musulmán.

Quienes nos oponemos a la pena de muerte mencionamos de inmediato la prisión de alta seguridad como una alternativa más humanista y recordamos que después que Caín mató a su hermano Abel, recibe la maldición de Dios junto con el reproche:

"– ¿Qué has hecho? ¡Escucha! La sangre de tu hermano grita hacia mí desde la tierra.

"Caín respondió al Señor:

"–Mi castigo es demasiado grande para poder sobrellevarlo. Hoy me arrojas lejos del suelo fértil; yo tendré que ocultarme de tu presencia y andar por la tierra errante y vagabundo, y el primero que me salga al paso me matará.

"–Si es así –le dijo el Señor– el que mate a Caín deberá pagarlo siete veces.

"El Señor puso una marca a Caín, para que al encontrarse con él, nadie se atreviera a matarlo" (Génesis 4, 10-15).

El versículo final explica por qué algunos movimientos a favor de la supresión universal de la pena de muerte tienen como consigna inspiradora: "Nadie se atreva a matar a Caín".

A pesar de los avances de la jurisprudencia y la criminología, todavía parece necesario, para los delitos más graves, la pérdida de la libertad, incluso en cadena perpetua

Por eso enseña Francisco, refiriéndose a la pena de muerte y a la reclusión perpetua:

Pena de muerte

Hoy día la pena de muerte es inadmisible, por cuanto grave haya sido el delito del condenado. Es una ofensa a la inviolabilidad de la vida y a la dignidad de la persona humana que contradice el designio de Dios sobre el hombre y la sociedad y su justicia misericordiosa, e impide cumplir con cualquier finalidad justa de las penas. No hace justicia a las víctimas, sino que fomenta la venganza.

Para un Estado de derecho, la pena de muerte representa un fracaso, porque lo obliga a matar en nombre de la justicia. Escribió Dostoievski: «Matar a quien mató es un castigo incomparablemente mayor que el mismo crimen. El asesinato en virtud de una sentencia es más espantoso que el asesinato que comete un criminal». Nunca se alcanzará la justicia dando muerte a un ser humano.

La pena de muerte pierde toda legitimidad en razón de la defectiva selectividad del sistema penal y frente a la posibilidad del error judicial. La justicia humana es imperfecta, y no reconocer su falibilidad puede convertirla en fuente de injusticias. Con la aplicación de la pena capital, se le niega al condenado la posibilidad de la reparación o enmienda del daño causado; la posibilidad de la confesión, por la que el hombre expresa su conversión interior; y de la contrición, pórtico del arrepentimiento y de la expiación, para llegar al encuentro con el amor misericordioso y sanador de Dios (...).

Pena de prisión perpetua

Por otra parte, la pena de prisión perpetua, así como aquellas que por su duración conlleven la imposibilidad para el penado de proyectar un futuro en libertad, pueden ser consideradas penas de muerte encubiertas, puesto que con ellas no se priva al culpable de su libertad sino que se intenta privarlo de la esperanza.

Pero aunque el sistema penal pueda cobrarse el tiempo de los culpables, jamás podrá cobrarse su esperanza.

Como expresé en mi alocución del 23 de octubre pasado, «la pena de muerte implica la negación del amor a los enemigos, predicada en el Evangelio. Todos los cristianos y los hombres de buena voluntad, estamos obligados no sólo a luchar por la abolición de la pena de muerte, legal o ilegal, y en todas sus formas, sino también para que las condiciones carcelarias sean mejores, en respeto de la dignidad humana de las personas privadas de la libertad» (Carta a la Comisión Internacional contra la Pena de muerte, 20 de marzo de 2015).

Porque aún en esas condiciones el preso merece el contacto de aquellos que escucharon las palabras del Maestro: "Porque estuve preso... y ustedes me visitaron", o para decirlo con el lema de uno de los encuentros de la pastoral carcelaria realizados en Buenos Aires: "Hacer realidad la unidad de la Iglesia de Cristo a ambos lados de la reja".

7

El respeto a los muertos

La obra de "dar sepultura a los muertos" tiene antecedentes en los comienzos de la humanidad, ya que todos los descubrimientos antropológicos en distintas regiones geográficas señalan siempre ritos funerarios y peculiares modos de entierro de los muertos.

Los indios americanos utilizaban ánforas de arcilla disponiendo al muerto en posición fetal, quizás como preparándolo para un nuevo nacimiento; los egipcios practicaron complejas técnicas de embalsamamiento, protegiendo el cuerpo de la desintegración total.

El teatro de la antigua Grecia representa dramáticamente la tensión entre el deber natural reforzado por el mandato de los dioses y las prohibiciones de la autoridad que pretendía que sus adversarios difuntos quedaran en cruel exhibición.

En el Antiguo Testamento se encuentran muchas costumbres y tradiciones que comienzan con el sencillo gesto de cerrar los ojos del difunto (Génesis 46,4). Los parientes lo besan (Génesis 50,1) y finalmente lo conducen a una gruta, aunque en la posterior época helenística también lo colocan en nichos.

El libro de Tobías señala entre las buenas obras de Tobit la preocupación por enterrar a los muertos, especialmente aquellos que eran asesinados por los jefes asirios. En represalia le confiscan todos los bienes y debe huir, presa del miedo. Pero ante una situación similar no duda en cumplir con el rito funerario a pesar de la burla de los vecinos (véase Tobías 1 y 2).

El Eclesiástico reflexiona sobre el dolor y el período de duelo, pero busca poner un límite a las exageraciones del lamento: "Hijo mío, por un muerto derrama lágrimas y entona un lamento, como quien sufre terriblemente. Entierra su cadáver en la forma establecida y no descuides su sepultura. Llora amargamente, golpéate el pecho y observa el duelo que se merece uno o dos días, para evitar comentarios. Luego consuélate de tu tristeza porque la tristeza lleva a la muerte y un corazón abatido quita las fuerzas" (Eclesiástico 38,16-18).

Tumbas y resucitados

La posibilidad de una vida posterior a la presente no estaba del todo clara en Israel, pero hacia el 120 a.C. aparece la primera afirmación bíblica del valor de las oraciones por los difuntos. Judas Macabeo envía una ofrenda a Jerusalén y "realizó este hermoso y noble gesto con el pensamiento puesto en la resurrección, porque si no hubiera esperado que los caídos en la batalla iban a resucitar, habría sido inútil y superfluo orar por los difuntos. Además él tenía presente la magnífica recompensa que está reservada a los que mueren piadosamente, y éste es un pensamiento santo y piadoso" (2 Macabeos 13,43-45).

Todavía en el tiempo de Jesús de Nazaret el grupo de los saduceos negaba la resurrección de los muertos, en tanto que la escuela teológica de los fariseos la afirmaba.

Cuando algunos saduceos pretenden discutir con Jesús sobre el tema, la respuesta es bien precisa: "Que los muertos van a resucitar, Moisés lo ha dado a entender en el pasaje de la zarza, cuando llama al Señor el Dios de Abraham, el Dios de Isaac y el Dios de Jacob. Porque él no es un Dios de muertos sino de vivientes, todos, en efecto viven para él" (Lucas 20,27-38).

Los breves relatos de la sepultura de Jesús permiten conocer las costumbres funerarias de ese tiempo: "Lo envolvieron con vendas, agregándole la mezcla de perfumes... había una huerta y en ella una tumba nueva..." (Juan 19,40-41). "Al amanecer, las mujeres fueron al sepulcro con los perfumes que habían preparado" (Lucas 24,1). Pero todo apunta a un hecho diferente, resumido en la pregunta formulada por dos hombres de vestiduras relucientes: "¿Por qué buscan entre los muertos al que está vivo? No está aquí, ha resucitado" (Lucas 24,56).

A partir de ese momento los escritos del Nuevo Testamento dejan de mencionar el tema de los ritos fúnebres para centrarse en la novedad de la resurrección de Jesús y la promesa de una Vida Nueva para todos los hombres.

"Lo mismo pasa con la resurrección de los muertos: se siembran cuerpos corruptibles y resucitarán incorruptibles, se siembran cuerpos humillados y resucitarán gloriosos; se siembran cuerpos viles y resucitarán llenos de fuerza, se siembran cuerpos puramente naturales y resucitarán cuerpos espirituales" (1 Colosenses 15,42-44).

Por eso, los cristianos integran todas las tradiciones y ritos de los pueblos en la medida que no choquen con el sentido último de la resurrección: tumbas excavadas sencillamente en tierra, nichos y urnas agrupadas, bóvedas marmoladas y hasta la cremación, son posibilidades que expresan el cariño, el respeto y el recuerdo.

En las ciudades de la Argentina se extiende la costumbre de depositar las cenizas de los muertos en los "cinerarios" especialmente diseñados en los templos católicos para que los restos materiales tengan también un lugar digno y sencillo.

La mención de los difuntos en la celebración de la Eucaristía es la mejor manera de manifestar el deseo de que los seres queridos sean asociados a la resurrección y la vida.

La donación de órganos

A fines de la década del 80, el cine presentó a «Jesús de Montreal», un joven artista que ha de interpretar el personaje de Jesús en su Vía Crucis. Muere en un accidente, pero el corazón y los ojos son rápidamente trasplantados y posibilitan la recuperación de un ciego y la prolongación de la vida de un cardiópata.

Acto solidario aún después de la muerte, que sólo es posible con los avances de una medicina acompañada de computación, láser y microcirugía. Algunos trasplantes requieren la certificación de la muerte cerebral del donante; en otros casos, de órganos dobles, como el del riñón, basta la voluntad de aceptar la extracción, ya que los riesgos vitales son menores.

"Es cierto que se exigen algunas condiciones que garanticen la moralidad de los trasplantes de muerto a vivo; que el donante o sus familiares obren con toda libertad y sin coacción; que se haga por motivos altruistas y no por mercantilismo, que exista una razonable expectativa de éxito en el receptor; que se compruebe que el donante está realmente muerto.

Cumplidas estas condiciones, no sólo no tiene la fe nada contra tal donación sino que la Iglesia ve en ella una preciosa forma de imitar a Jesús que dio la vida por los demás. Tal vez en ninguna otra acción se alcancen tales niveles de ejercicio de la fraternidad. En ella nos acercamos al amor gratuito y eficaz que Dios siente hacia nosotros. Es un ejemplo vivo de solidaridad. Es la prueba visible de que el cuerpo de los hombres puede morir, pero que el amor que los sostiene no muere jamás" (Comisión Pastoral de la Conferencia Episcopal de España, 1984).

La clásica obra de misericordia "enterrar a los muertos" se convierte ahora en gesto solidario: "Respetar a los muertos y ofrecer en donación los propios órganos".

8

Maestros para el pueblo

En el listado clásico de las "obras de misericordia" se encuentran algunas que subrayan una acción solidaria destinada al progreso espiritual y cultural. La primera es "enseñar al que no sabe" y evoca de inmediato el largo recorrido de la historia de la educación, desde las transmisiones orales de los primeros grupos de humanos, las posteriores propuestas de los pedagogos griegos, hasta las más recientes decisiones políticas para erradicar el analfabetismo, facilitar el ingreso de los adultos a la enseñanza media, popularizar los estudios universitarios y medir el desarrollo de un país por el porcentaje del presupuesto que dedica a la enseñanza.

El libro de los Proverbios dedica un amplio espacio a sugerir cómo tiene que ser la actividad del educador y la respuesta que se espera del educando (véase cap. 23). Para explicar la acción de Dios en el pueblo de Israel se recurre a comparaciones con la educación y la corrección del padre hacia el hijo (véase Deuteronomio 8,5). Así aparecen responsabilidades muy concretas por parte de los padres, los sacerdotes, los profetas y los sabios.

Los padres han de aprovechar la natural curiosidad de los niños. "Cuando tu hijo te pregunte, el día de mañana: qué significan estas normas, esos preceptos y esas leyes... tu deberás responderle..." (Deuteronomio 6,20-21). Surge entonces la enseñanza sobre las tradiciones del pueblo, la alabanza religiosa y las pautas morales.

Jesús de Nazaret muestra claramente cómo el auténtico maestro es el que sirve aún en las tareas más humildes. "Después de haberles lavado los pies, Jesús se puso el manto, volvió a la mesa y les dijo: ¿Comprenden lo que acabo de hacer con ustedes? Ustedes me llaman Maestro y Señor; y tienen razón, porque lo soy. Si yo, que soy el Señor y el Maestro les he lavado los pies, ustedes también deben lavarse los pies unos a otros" (Juan 13,12).

Evangelización de la cultura

La Carta a los cristianos de la comunidad griega de Éfeso, se encuentra en continuidad con la tradición bíblica: "Padres, no irriten a sus hijos, al contrario, edúquenlos, corrigiéndolos y aconsejándolos, según el espíritu del Señor" (Efesios 6,4).

Pablo de Tarso relativiza el valor de la antigua Ley, porque "nos sirvió de pedagogo para llevarnos a Cristo... ahora no necesitamos más de una guía" (Gálatas 3,24). El pedagogo era el esclavo que se ocupaba de la disciplina de los niños y los llevaba a la escuela, dejándolos en manos del maestro.

En la búsqueda de la verdad habrá de aparecer un nuevo educador prometido por Jesús, el Maestro: "Cuando venga el Espíritu de la Verdad, él los introducirá en toda la verdad, porque no hablará por sí mismo, sino dirá lo que ha oído y les anunciará lo que irá sucediendo" (Juan 16,13).

Una vez que el evangelio comienza a anunciarse a otros pueblos distintos de Israel, surgen los interrogantes que plantea la cultura grecolatina, con su amplio desarrollo de instituciones educativas dirigidas a los niños, las escuelas de filosofía y las academias.

Los cristianos procurarán influir en la cultura a través de corrientes filosóficas propias, debates públicos y escritos de elegante estilo, pero al menos hasta la época del Emperador Constantino su esfuerzo se ve frenado por tremendas persecuciones. Todavía en el año 362 un edicto del Emperador Juliano, de sobrenombre "El Apóstata", prohibirá a los cristianos la misión de enseñar. Pero poco a poco comienzan a surgir escuelas de los monasterios y las episcopales, que se convertirán en centros de atracción para niños y jóvenes.

Una orden del Emperador Carlomagno del año 789 dispone la obligación del clero de instruir a todos los niños, tanto pobres como ricos, pero ya el Concilio de Vaison, en el año 529, exhortaba a multiplicar las escuelas parroquiales.

En el siglo XIII Tomás de Aquino propone por primera vez centrar el aprendizaje en el educando, para que éste realice una actividad personal insustituible y es en las Universidades del Alto Medioevo donde se desarrollarán las grandes síntesis del pensamiento de ese entonces.

Martín Lutero, propulsor de la Reforma llamada "protestante" es quien más insistió en el rol de los poderes públicos para ocuparse de una educación igualitaria, obligatoria y posibilitando el desarrollo religioso y físico de los alumnos.

Por su parte, la Iglesia Católica comienza también una reforma donde la educación adquiere una prioridad indiscutible. Ignacio de Loyola y su Compañía de Jesús incorporan el debate y la síntesis en las aulas y en todas sus Misiones Guaraníes se encontraban escuelas para varones y mujeres. Juan Bautista de la Salle organizará una Congregación de Hermanos consagrados a fundar escuelas, especialmente en los ambientes más humildes. A partir de entonces son innumerables las instituciones educativas dependientes de las Iglesias.

Simultáneamente la modernidad acentúa el rol de los Estados en el ámbito de la enseñanza, y también se expande la que depende de sociedades intermedias, colectividades y agrupaciones privadas.

Trabajadores de la educación

La historia menciona al General Manuel Belgrano que donó el premio de cuarenta mil pesos fuertes para la construcción de cuatro escuelas en las provincias del Alto Perú; hoy la Declaración Universal de los Derechos Humanos menciona la educación como uno de los modos del desarrollo de la personalidad de varones y mujeres y de fomentar la paz entre los pueblos.

"Toda persona tiene derecho a la educación. La educación debe ser gratuita, al menos en lo concerniente a la instrucción elemental y fundamental. La instrucción elemental será obligatoria. La instrucción técnica y profesional habrá de ser generalizada; el acceso a los estudios superiores será igual para todos en función de los méritos respectivos.

"La educación tendrá por objeto el pleno desarrollo de la personalidad humana y el fortalecimiento del respeto a los derechos humanos y a las libertades fundamentales, favorecerá la comprensión, la tolerancia y la amistad entre todas las naciones y todos los grupos étnicos o religiosos y promoverá el desarrollo de las actividades de las Naciones Unidas para el mantenimiento de la paz.

"Los padres tendrán derecho preferente a elegir el tipo de educación que habrá de darse a sus hijos" (Artículo 26 de la Declaración Universal de los Derechos Humanos, Asamblea General de las Naciones Unidas, 10 de diciembre de 1948).

Instruir, enseñar, educar

Muchísimos hombres y mujeres del mundo, especialmente los trabajadores de la educación, expresan su solidaridad "enseñando al que no sabe" y superando muchas dificultades actuales, se dedican a la tarea educativa con vocación y ahínco, tanto en la educación formal como en la informal, en las instituciones oficiales y en la cotidianidad de la familia.

"Porque educar es creer en la perfectibilidad humana, en la capacidad innata de aprender y en el deseo de saber que la anima, en que hay cosas (símbolos, técnicas, valores, memorias, hechos...) que pueden ser sabidos y que merecen serlo, en que los hombres podemos mejorarnos unos a otros por medio del conocimiento.

"Con verdadero pesimismo puede escribirse contra la educación, pero el optimismo es imprescindible para estudiarla... y ejercerla. Los pesimistas pueden ser buenos domadores, pero no buenos maestros" (Fernando Savater: *El valor de educar*).

El siglo XX se abrió con una amplia intervención de los Estados como responsables de la educación y distintos modelos desde el absoluto estatismo hasta los de mayor participación familiar.

Este tiempo caracterizado por la difusión de la escuela pública --tanto de gestión estatal como privada-- llega a crear una organización a nivel internacional como la UNESCO, pero en muchas regiones se encuentra con una gran crisis como señalan los especialistas y los docentes.

La globalización repercute también en las más tradicionales tareas educativas y plantea nuevos problemas que suponen respuestas que no deben evitar la discusión sobre los valores, las ideologías subyacentes y los mismos fines de la educación.

Los fines de la educación globalizada

¿Debe la acción educativa obtener como producto hombres y mujeres con flexibilidad para la competencia en el mercado laboral en constante flexibilización (es decir, en pérdida de los derechos de los trabajadores y trabajadoras) o se centrará en la formación humana integral?

¿Buscará la cohesión social, disminuyendo conflictos y cuestionamientos o provocará un pensamiento crítico, problematizador y en constante búsqueda?

¿Facilitará la preparación inmediata y práctica o propiciará la posibilidad creadora, aún con tendencias utópicas?

¿Será neutral ante todo tipo de valores, opciones religiosas, ideológicas, familiares, etc. o responderá a valores tradicionales y/o propondrá ideales no sólo en la lectura de los textos sino también en la práctica cotidiana de la convivencia en el aula y el recreo?

"La familia es el primer núcleo de relaciones: la relación con el padre y la madre y los hermanos es la base, y nos acompaña siempre en la vida.

Pero en la escuela nosotros "socializamos": encontramos personas diversas de nosotros, diversas por edad, por cultura, por origen, por capacidades diferentes...

La escuela es la primera sociedad que integra la familia. ¡La familia y la escuela no deben contraponerse nunca! Son complementarias, y por tanto es importante que colaboren en el respeto mutuo.

Y las familias de los chicos de una clase pueden hacer mucho juntas entre sí y con los maestros. Esto hace pensar en un proverbio africano muy bello: "Para educar un hijo hace falta una aldea". Para educar a un chico hace falta mucha gente, familia, escuela, profesores, todos, personal asistente, profesores, todos" (Francisco a los alumnos italianos, 10 de mayo de 2014).

Sin querer describir cuadros rígidos, es posible señalar algunos niveles en la tarea.

Instruir es casi sinónimo de aportar información, brindar conocimiento intelectual, con más detenimiento en la memoria o en el reflejo.

Enseñar supone fijarse en el proceso, evaluando aciertos y progresos.

Educar es sobre todo transmitir y compartir valores porque se basa en un diálogo entre educador y educando que cuestiona, intercambia y descubre nuevas perspectivas.

La verdad liberadora

Todo el proceso de la comunicación entre los seres humanos, incluyendo la acción educadora, tiende a la búsqueda de la verdad. Es cierto que cada varón y mujer tiene derecho a manifestar su opinión, su parecer y obrar según su conciencia. Este derecho tiene su correlato en la necesidad que brota de su condición inteligente y razonadora de encontrar lo verdadero, para que lo real se imponga por sí mismo.

"Todos los hombres desean saber", dice Aristóteles, y la verdad es el objeto propio de ese deseo. Incluso la vida diaria muestra cuán interesado está cada uno en descubrir, más allá de lo conocido de oídas, cómo están verdaderamente las cosas. El hombre es el único ser, en toda la creación visible, que no sólo es capaz de saber, sino que sabe también que sabe y por eso se interesa por la verdad real de lo que se le presenta. Nadie puede permanecer sinceramente indiferente a la verdad de su saber. Si descubre que es falso, lo rechaza, en cambio, si puede confirmar su verdad, se siente satisfecho. Es la lección de san Agustín cuando escribe: "He encontrado muchos que querían engañar, pero ninguno que quisiera dejarse engañar". Con razón se considera que una persona ha alcanzado la edad adulta cuando puede discernir, con sus propios medios, entre lo que es verdadero y lo que es falso, formándose un juicio propio sobre la realidad objetiva de las cosas" (san Juan Pablo II: *Fe y razón*).

En esta búsqueda universal de la verdad, "enseñar al que no sabe" es brindar al hombre y a la mujer "que no sabe" –generalmente pobres, marginados y excluidos– la posibilidad de aportar lo que con seguridad ellos saben, pero no pueden explicarlo porque entre tantas injusticias, les han robado la palabra. La sorpresa será descubrir que "el que no sabe" tiene una cuota de verdad para enseñar "al que sabe y enseña".

Diálogo y consejo

La solidaridad expresada en la obra de misericordia "enseñar al que no sabe" se complementa con "aconsejar al que lo necesita". La educación ha recorrido un largo camino y poco a poco fue institucionalizándose hasta adquirir un nivel público en la escuela. El "consejo" en cambio ha permanecido más en el ámbito de la relación personal, del diálogo entre amigos o familiares, de la confidencia al médico, al psicólogo, al orientador espiritual.

Sobre el final de la obra gauchesca de José Hernández, Martín Fierro se vuelve consejero:

...con prudencia
a sus hijos y al de Cruz
les habló de esta manera:

Un padre que da consejos
más que padre es un amigo;
ansí, como tal les digo
que vivan con precaución:
naides sabe en qué rincón
se oculta el que es su enemigo.

Y les doy estos consejos,
que me ha costado adquirirlos,

porque deseo dirigirlos;
pero no alcanza mi cencia
hasta darles la prudencia
que precisan pa'seguirlos.

Estas cosas y otras muchas,
medité en mis soledades;
sepan que no hay falsedades
ni error en estos consejos:
es de la boca del viejo
de ande salen las verdades.

Consejos antiguos

Los pueblos de la Mesopotamia atribuían la tarea de aconsejar a uno de sus dioses. En Sumer, Enki es el consejero divino y la diosa NinIsina cumplía un rol similar.

Por el contrario, Yahvé, el Dios de Israel es el Único y no hay quién pueda aconsejarle. "¿Quién abarcó el espíritu del Señor y qué consejero lo instruyó?" (Isaías 40,13). Pero enviará un Mesías y "sobre él reposará el espíritu del Señor, espíritu de sabiduría y de inteligencia, espíritu de consejo y de fortaleza..." (Isaías 11,2).

La liturgia cristiana en la lectura de la noche de Navidad atribuye a Jesús de Nazaret la misión de ser el consejero que deslumbra más allá de lo conocido: "Porque un niño nos ha nacido, un hijo nos ha sido dado. La soberanía reposa sobre sus hombros y se le da por nombre: Consejero Maravilloso, Dios fuerte" (Isaías 9,5).

Pablo de Tarso reconoce que puede aconsejar y advertir, aunque no siempre tenga un precepto del Señor (véase I Corintios 7,25). En una de las Cartas Pastorales se recomienda a las mujeres "que por medio de buenos consejos enseñen a las jóvenes a amar a su marido y a sus hijos" (Tito 2,34).

Dejarse aconsejar

Una de las dificultades del pensamiento posmoderno es que en la urgencia por vivir intensamente el presente, mientras se niega toda posibilidad de un proyecto de largo aliento, el consejo se convierte en un producto prescindible.

Por eso, antes de formular un consejo se requiere que la persona esté dispuesta y preparada para recibirlo. De lo contrario sonará como una norma externa y será inútil.

Tomás de Aquino piensa que la capacidad de pedir consejo es parte de una decisión correcta, ya que cuando existen situaciones concretas y variables, se necesita tener en cuenta muchas condiciones y circunstancias que no pueden ser abarcadas por una sola persona. El recurso a la experiencia de otros permitirá obrar con mayor seguridad y acierto.

"Sólo el amigo, y si es prudente, puede co-asumir la decisión del amigo desde el mismo yo de éste último, al que el afecto viene a hacer como propio; pues merced a la acción unificadora del amor, está facultado para contemplar la situación concreta de la decisión desde el centro inmediato de su responsabilidad. De ahí que sólo al amigo sea posible también –solamente a él y siempre que sea prudente– preformar la decisión del amigo, mostrando por modo de consejo el camino recto, o reconstruirlo, a la manera de un juez, para dictaminar acerca de su bondad o maldad" (Josef Pieper: *Las virtudes fundamentales*).

El ámbito de la afectividad es el que permite una mejor disposición para aconsejar y ser aconsejado. Por eso los familiares cercanos y las personas que merecen confianza son quienes tienen más disposición a un diálogo tan especializado.

El médico, el docente, el abogado, la enfermera, el asistente social, el jefe de personal, pueden recibir el impacto de una pregunta que desborda lo específico de su profesión para disponerlo a una respuesta que orienta toda una vida, o sugiere una salida.

"Es una gracia especial que alguien sea tan buen consejero que dé consejo a otros" (Tomás de Aquino).

Los consejeros profesionales

El aporte de la psicología significa la aparición de nuevas profesiones dedicadas a la orientación y al consejo en la toma de decisiones.

Psicólogos de empresas acompañan la reunión del directorio, los orientadores vocacionales reciben las inquietudes de jóvenes perplejos que buscan definir sus próximos estudios, los consejeros familiares intervienen en las delicadas situaciones de tensiones matrimoniales o facilitan un mejor diálogo entre generaciones, y ahora comienza a percibirse la acción de profesionales dedicados a estar junto a quienes sufren enfermedades terminales.

Los comités de bioética de los hospitales opinan sobre los conflictos de valores en decisiones límites y los líderes religiosos –sacerdotes, religiosas, pastores– continúan con su tradicional tarea de consejeros de conciencia en la intimidad del diálogo pastoral.

El ministerio de la escucha

Desde hace poco tiempo, ha comenzado en algunos Santuarios e Iglesias un nuevo "ministerio de la escucha", que se desarrolla en un lugar específico, cercano o aún dentro del templo. Lleva la indicación "aquí escuchamos" o similar, y es atendido por voluntarios y voluntarias preparados para esta delicada tarea.

No se trata de "consejeros" que orienten o propongan soluciones, sino de personas con capacidad de atender la necesidad de manifestarse que tienen tantos hombres y mujeres sumergidos en el desconcierto del bombardeo de estímulos e imágenes.

La formación humana supone en los "escuchadores" una cierta madurez y equilibrio que les permita transmitir la serenidad que facilite el encuentro personal, y al mismo tiempo la paciencia que evite todo apresuramiento o apuro.

Si bien normalmente no es su tarea aconsejar, en los casos necesarios ha de tener la habilidad suficiente para derivar hacia quienes pueden responder adecuadamente a la situación planteada o incluso orientar al Sacramento de la Reconciliación. Una actitud humilde les permitirá aceptar los límites de ese ministerio tanto más callado cuanto más discreto.

Según el P. Jordi Sabaté, sacerdote de larga experiencia en la Pastoral de los Santuarios de la Argentina, una adecuada espiritualidad permitirá descubrir que "en consonancia con la actitud de Dios que escucha a su pueblo, una comunidad que escucha se hace *sacramento* de ese Dios que escucha. La escucha será entonces no solo una actitud de caridad sino también una acción evangelizadora en sí misma".

Rita y Héctor Rodríguez, de las Consultorías Familiares de la diócesis de San Martín, no dudan en reconocer que "la maravillosa experiencia de descubrir un vasto universo detrás de cada rostro anónimo y que su problema visible fuera sólo la punta de un iceberg, nos hicieron dar cuenta que no era necesario ni técnica ni conocimiento, que lo único importante era el amor puesto en la escucha atenta, en una mano dispuesta a la caricia en un momento de angustia, aquella que lleve al otro al convencimiento de que es un ser amado por Dios".

Un Dios consejero

"En una civilización paradójicamente herida de anonimato y, a la vez obsesionada por los detalles de la vida de los demás, impudorosamente enferma de curiosidad malsana, la Iglesia necesita la mirada cercana para contemplar, conmoverse y detenerse ante el otro cuantas veces sea necesario.

En este mundo los ministros ordenados y los demás agentes pastorales pueden hacer presente la fragancia de la presencia cercana de Jesús y su mirada personal. La Iglesia tendrá que iniciar a sus hermanos –sacerdotes, religiosos y laicos– en este «arte del acompañamiento», para que todos aprendan siempre a quitarse las sandalias ante la tierra sagrada del otro (cf. Ex 3, 5).

Tenemos que darle a nuestro caminar el ritmo sanador de projimidad con una mirada respetuosa y llena de compasión pero que al mismo tiempo sane, libere y aliente a madurar en la vida cristiana (...)

Más que nunca necesitamos de hombres y mujeres que desde su experiencia de acompañamiento conozcan los procesos donde campea la prudencia, la capacidad de comprensión, el arte de esperar, la docilidad al Espíritu, para cuidar entre todos a las ovejas que se nos confían de los lobos que intentan disgregar el rebaño. Necesitamos ejercitarnos en el arte de escuchar, que es más que oír (Francisco, *La alegría del Evangelio*, 169-171).

Entre los dones que la teología católica atribuye al Espíritu Santo, se encuentra el "consejo", por el que los hombres, como orientados por Dios mismo perciben el modo de actuar en una vida que se despliega en relaciones solidarias y se atreve a fijar el rumbo hacia el destino final

"Así como en la actividad humana, los que se sienten limitados en la resolución de un problema, piden consejo a hombres más sabios, así para un obrar seguro en lo referente a la salvación, se necesita ser dirigido por Dios, que comprende todas las cosas... Por eso este don de consejo dirige especialmente en las obras de misericordia" (Tomás de Aquino).

Las nuevas obras solidarias que los creyentes van descubriendo ante los desafíos de la globalización son también la interpelación de un Dios que quiere ser consejero para que los hombres y mujeres puedan tomar en sus manos la construcción de cada trozo del mundo y anticipar ya un vislumbre de los cielos nuevos y de la Tierra Nueva.

10

Una cultura de la corrección

Una cultura de corrupción globalizada va convirtiendo a los hombres en socios de delitos económicos, sociales e incluso gravemente penales, como si la solidaridad pudiera extenderse entre los socios del mal y la injusticia...

Los límites se han disfumado, tal como lo predijo el profeta tanguero Enrique Santos Discépolo con la letra del "Cambalache" que se aplica también al siglo XXI:

> "Que el mundo fue
> y será una porquería
> ya lo sé...
> (¡En el quinientos seis
> y en el dos mil también!).
> Que siempre ha habido chorros,
> maquiavelos y estafaos,
> contentos y amargaos,
> valores y dublé...
> Pero que el siglo veinte
> es un despliegue
> de maldá insolente,
> ya no hay quien lo niegue.
> Vivimos revolcaos
> en un merengue

y en un mismo lodo
todos manoseaos...

"¡Hoy resulta que es lo mismo
ser derecho que traidor!...
¡Ignorante, sabio o chorro,
generoso o estafador!
¡Todo es igual!
¡Nada es mejor!
¡Lo mismo un burro
que un gran profesor!
No hay aplazaos
ni escalafón,
los inmorales
nos han igualao.
Si uno vive en la impostura
y otro roba en su ambición,
¡da lo mismo que sea cura,
colchonero, rey de bastos,
caradura o polizón!..."

Pero no conviene modificar las palabras. No existe en el mal ninguna virtud y en la injusticia no hay solidaridad, si no complicidad. El cómplice puede ser tan responsable como el ejecutor del delito. Por colaborar y por callar. Jurídicamente puede llegar a la "asociación ilícita".

¿Cuántas vidas se pierden por el silencio de los inspectores de los desechos industriales que arruinan la ecología? ¿Y los alimentos donados a zonas de guerra que se venden en el mercado negro ante la mirada de los responsables de su transporte? ¿No existen acaso culpables de accidentes automovilísticos que escapan o se esconden tras el mutismo de tantos testigos que enceguecen repentinamente?

Parecería que es preferible callar que denunciar.

Lo que ocurre en los grandes sucesos sociales se vuelca en el ámbito de las micro-relaciones y toda observación crítica o corrección certera es recibida como intromisión indebida, más ligada con la culpa que con la comprensión de las situaciones.

El joven que señala a su novia alguna inexactitud en el diálogo con sus padres puede recibir este inesperado reproche: "¿Pero vos estás conmigo o con mis padres?"

Así comienza un lento chantaje afectivo que llega a su expresión máxima cuando se afirma: "Si me querés, aceptame como soy, con mis debilidades y defectos..." que significa: "Sé cómplice de mis defectos... quizás yo lo seré de los tuyos".

Pero el auténtico amor es capaz de comprender debilidades y defectos, aún en sus orígenes más secretos, para que desde ese mutuo compartir se inicien modificaciones en búsqueda de conductas con mejores vínculos.

De lo contrario toda la relación se convierte en una distorsión que puede resumirse en esta frase: "Te acepto como sos, con tus defectos y enfermedades y te aseguro no traer el remedio que cure tu mal".

"Por tanto será inmoral toda moral que no cuente entre sus deberes el deber primario de hallarnos dispuestos constantemente a la reforma, corrección y aumento del ideal ético" (Ortega y Gasset: *Meditaciones del Quijote*).

Corregir al que se equivoca

Una larga tradición incluye en las obras de misericordia y solidaridad la tarea de "corregir al que se equivoca", entendiendo este error no tanto como la ignorancia que se modifica con la enseñanza, sino como la falla responsable que requiere ser corregida.

La Biblia remite a un planteo claramente religioso y el libro de la Sabiduría muestra en el Dios de la Vida al modelo de corrección, porque su paciencia es invitación a cambiar la conducta en un clima positivo de esperanza. "Señor, tu eres indulgente con todos, / ya que todo es tuyo, Dios que amas la vida, / porque tu espíritu incorruptible está en todas las cosas. Por eso reprendes poco a poco a los que caen / y los amonestas recordándoles sus pecados, / para que se aparten del mal y crean en ti" (Sabiduría 11,26. 12,2).

El hombre y la mujer, reflejos de la ternura divina, son animados a corregirse y enmendarse en un clima de positiva cordialidad:

"Si alguien es sorprendido en alguna falta, ustedes, los que están animados por el Espíritu, corríjanlo con dulzura" (Gálatas 6,1). En la misma cita Pablo incluye la posibilidad de la caída de quien corrige, evitando así una falsa superioridad: "Piensa que también tú puedes ser tentado". El proyecto de Jesús de Nazaret busca con insistencia obtener un auténtico cambio, y encomienda a hermanos y hermanas a irse sumando en la misión de ganar al hermano descarriado.

"Si tu hermano peca, ve y corrígelo en privado. Si te escucha, habrás ganado a tu hermano. Si no te escucha, busca una o dos personas más, para que el asunto se decida por la declaración de dos o tres testigos. Si se niega a hacerles caso, dilo a la comunidad. Y si tampoco quiere escuchar a la comunidad, considéralo como pagano o publicano" (Mateo 18,15-18).

En el siglo XIII Tomás de Aquino vuelve sobre el tema, con la intención de mostrar cómo la corrección fraterna es una solidaridad que procede del amor.

"La corrección fraterna busca la enmienda del pecador. Pero quitar el mal de alguien es lo mismo que buscar su bien. Y procurar el bien del hermano pertenece al amor por el cual queremos y obramos el bien para el amigo...

"Por tanto la corrección fraterna es también un acto de amor mucho más importante que curar una enfermedad o contribuir a una carencia económica..." (*Suma Teológica* 2-2, 33 a. 4).

Corrección, premios y estímulos

La corrección realizada en un ambiente cordial, de respeto y diálogo franco se convierte en un estímulo para el mayor crecimiento personal. Recibe entonces la retribución de una agradecida respuesta y es así una auténtica obra solidaria.

Uno de los obstáculos del ambiente posmoderno se produce por la dificultad de padres, madres y demás educadores para fijar límites y proponer modificaciones de los comportamientos. Su causa radica no tanto en que niños, adolescentes e incluso adultos no toleran la observación, sino en que los educadores no soportan provocar el necesario sufrimiento que ella conlleva.

Pero como "no hay nada nuevo bajo el sol", una situación similar se encuentra en las "Últimas conversaciones" de Santa Teresita del Niño Jesús, a punto de concluir el siglo XIX.

"Era yo muy pequeña aun cuando mi tía me dio a leer una historieta que me extrañó mucho. Vi que se alababa a la directora de un colegio internado porque, sin herir a nadie, sabía con habilidad salir airosa de cualquier asunto. Yo noté, sobre todo, esta frase: "A ésta le decía: tú no tienes la culpa; a aquella otra: tú tienes razón".

"Yo pensaba para mis adentros:¡eso no está bien! Aquella directora no debería haber temido nada, y debería haber dicho a sus muchachotes, cuando hubiera sido cierto, que habían faltado en esto o en lo otro.

"Y hoy por hoy no he cambiado de criterio. Me es más costoso, lo confieso, pues siempre es más fácil echar la culpa a los ausentes, lo cual calma enseguida al que se queja. Sí, pero yo hago todo lo contrario. Si no se me quiere por eso ¡tanto peor! Digo toda la verdad; que no vengan a buscarme, si no quieren saberla.

"No hay que dejar que la bondad degenere en debilidad. Cuando se ha retado a alguien con justicia, no hay que echarse atrás ni dejarse ablandar hasta el punto de atormentarse por haberle causado pena a alguien y verle sufrir y llorar.

"Correr tras la afligida para consolarla es hacerle más mal que bien. Abandonarla a sí misma es obligarla a recurrir a Dios para que, reconociendo sus yerros, se humille. De otra forma, si se acostumbra a recibir consuelo después de un merecido reto, siempre se comportará, en las mismas circunstancias, como una niña mimada que patalea y grita hasta que su madre viene a enjugarle las lágrimas".

Corregir no es juzgar sino alentar

"Lo primero en la comunicación con el otro es la capacidad del corazón que hace posible la proximidad, sin la cual no existe un verdadero encuentro espiritual. La escucha nos ayuda a encontrar el gesto y la palabra oportuna que nos desinstala de la tranquila condición de espectadores.

Sólo a partir de esta escucha respetuosa y compasiva se pueden encontrar los caminos de un genuino crecimiento, despertar el deseo del ideal cristiano, las ansias de responder plenamente al amor de Dios y el anhelo de desarrollar lo mejor que Dios ha sembrado en la propia vida.

"Pero siempre con la paciencia de quien sabe aquello que enseñaba santo Tomás de Aquino: que alguien puede tener la gracia y la caridad, pero no ejercitar bien alguna de las virtudes «a causa de algunas inclinaciones contrarias» que persisten.

"Es decir, la organicidad de las virtudes se da siempre y necesariamente «in habitu», aunque los condicionamientos puedan dificultar las operaciones de esos hábitos virtuosos. De ahí que haga falta una pedagogía que lleve a las personas, paso a paso, a la plena asimilación del misterio. Para llegar a un punto de madurez, es decir, para que las personas sean capaces de decisiones verdaderamente libres y responsables, es preciso dar tiempo, con una inmensa paciencia. Como decía el beato Pedro Fabro: «El tiempo es el mensajero de Dios».

"El acompañante sabe reconocer que la situación de cada sujeto ante Dios y su vida en gracia es un misterio que nadie puede conocer plenamente desde afuera.

El Evangelio nos propone corregir y ayudar a crecer a una persona a partir del reconocimiento de la maldad objetiva de sus acciones (cf. Mt 18, 15), pero sin emitir juicios sobre su responsabilidad y su culpabilidad (cf. Mt 7, 1; Lc 6, 37).

"Un buen acompañante no consiente los fatalismos o la pusilanimidad. Siempre invita a querer curarse, a cargar la camilla, a abrazar la cruz, a dejarlo todo, a salir siempre de nuevo a anunciar el Evangelio.

"La propia experiencia de dejarnos acompañar y curar, capaces de expresar con total sinceridad nuestra vida ante quien nos acompaña, nos enseña a ser pacientes y compasivos con los demás y nos capacita para encontrar las maneras de despertar su confianza, su apertura y su disposición para crecer" (Francisco, *La alegría del Evangelio*, 171- 172).

De todos modos, las investigaciones psicológicas demuestran que se refuerza más una conducta positiva premiada, que el simple castigo del comportamiento negativo. Es necesario "corregir al que se equivoca", pero inversamente, se ha de "estimular al que actúa correctamente". Felicitar y premiar refuerza una cultura de valores auténticos.

"La virtud es lo que debe ser reconocido en el doble sentido de distinguido y agradecido. No se trata de formular un juicio, sino de orientar nuestra capacidad esencialmente humana de imitación y emulación... la vía del perfeccionamiento moral pasa por la imitación de actos excelentes... Sólo en vivo, en carne y hueso, podemos comprobar la eficacia gloriosa de la virtud y aprender a distinguirla de otros tipos letales de eficacia y triunfo" (Fernando Savater, *Ética como amor propio*).

11

Olvido, perdón y justicia

Un problema que aparece en el diálogo con los creyentes es su manifestación de no poder perdonar. Cuando se busca mayor precisión en el sentido de la expresión responden: "¡Es que no puedo olvidar!"

Estamos ante una confusión de niveles. Olvidar y recordar es una capacidad de la memoria que en la mayoría de los casos no depende de nuestra decisión. En el examen, el alumno quiere recordar todo lo estudiado, pero muchas veces no obtiene el resultado esperado. Por el contrario quisiéramos olvidar sucesos desagradables o dolorosos y basta una mínima cosa para que aparezca el recuerdo. Lo resume el dicho popular: el que se quema con leche, cuando ve una vaca, llora.

"Creo que se debería perdonar a la persona o personas que hayan cometido atrocidades contra uno mismo o contra la humanidad. Pero esto no significa necesariamente que esos crímenes se tengan que olvidar. De hecho uno siempre debe ser consciente y recordar esas experiencias para que en el futuro se puedan tomar las medidas oportunas con el fin de controlar la repetición de crímenes.

"Desde la invasión de China al Tibet en 1949 y 1950, más de un millón de tibetanos, un quinto de su población, han perdido la vida víctimas de la masacre, las ejecuciones, el hambre y los suicidios. Sin embargo, durante más de cuatro décadas hemos luchado para mantener viva nuestra causa y conservar nuestra cultura budista de la no violencia y la piedad.

"Sería fácil enojarse ante estos trágicos acontecimientos y ante tantas atrocidades. Si etiquetásemos al pueblo chino como nuestro enemigo, podríamos condenarlo hipócritamente por su brutalidad y tildarlo de indigno de mayor consideración. Pero ésa no es la manera de comportarse de un budista.

"Hace tiempo un monje tibetano que había estado durante dieciocho años en una prisión china en el Tibet vino a verme después de huir a la India. Durante el curso de nuestro encuentro le pregunté cuál fue el momento en que sintió más cerca el peligro mientras estuvo en la prisión. Su respuesta me sorprendió. Fue extraordinaria e incitante. Yo esperaba que contestara alguna otra cosa; en su lugar, declaró que lo que más temía era perder su compasión por los chinos" (El Dalai Lama, en *Los límites del perdón*).

A diferencia del olvido, que no depende de nosotros, el perdón es una decisión voluntaria por la que una persona se compromete consigo mismo -o con el ofensor- a que no tendrá en cuenta su deuda o agravio. Perdonar una deuda quiere decir que se exime del pago; y en una ofensa significa que no se la considera y eventualmente podrá restablecerse la relación de compañerismo o amistad quebrada.

"Perdonar" es donar, regalar. Se puede perdonar y no olvidar; y se puede olvidar sin haber nunca decidido perdonar.

Perdón y disculpa

Una persona pide perdón cuando se reconoce responsable del mal cometido ante Dios ("perdona nuestras ofensas..." se dice en el Padrenuestro), o ante los otros ("Yo confieso... antes ustedes hermanos" suele decirse al comienzo de la misa) o en la intimidad de un diálogo: "yo te engañé...".

En cambio, la misma expresión de disculpa manifiesta que no hubo ninguna mala intención: "Le pido disculpas... no lo hice a propósito", puede decir un distraído paseante que choca con otro.

En todo caso, el perdón supone tomar en serio las actitudes humanas.

"Es un acto fundamental del amor. ¿Pero qué quiere decir más exactamente "perdonar"? En ningún caso dejar pasar lo que es malo, no darle importancia, como si hubiera sido cometido sin advertirlo. Sólo se puede perdonar lo que se entiende como malo y cuyo lado sombrío no se ignora.

"Por otra parte, es la única forma de tomar en serio la personalidad del otro. Quiere decir que no lo considero como una especie de artefacto mecánico en el que puede haber fallos y averías, sino como sujeto de acciones humanas.

"El perdón supone que el perdonado condena lo que ha hecho (se arrepiente) y que el perdón que se le da, encaja positivamente por añadidura. Si estuviese dispuesto a perdonar a una persona a pesar de que no rectifica el juicio sobre la maldad o no desea ser perdonado, estaría tomándolo como irresponsable en el más propio sentido de la palabra" (Joseph Pieper: *Las virtudes fundamentales*).

En el evangelio se da una hermosa parábola en respuesta a la pregunta de Pedro: "¿Cuántas veces tendré que perdonar a mi hermano las ofensas que me haga...?"

Jesús de Nazaret cuenta de un rey que perdona a un servidor una deuda de diez mil talentos, que era entonces una cantidad enorme. Éste a su vez se niega a perdonar a un compañero que le pide una prórroga por una cantidad de dinero mucho menor. El final es determinante: el rey condena al mal compañero. "Lo mismo hará también mi Padre Celestial con ustedes si no perdonan de corazón a sus hermanos" (Mateo 18,21-35).

El relato tiene al menos dos aspectos que conviene subrayar. En primer lugar ambos deudores piden un plazo, es decir se reconocen comprometidos en la situación, se saben responsables y ni siquiera imaginan una supresión total; sólo piden tiempo.

En segundo lugar Jesús utiliza una frase de gran riqueza: "perdonar de corazón". En la Biblia ese "corazón" abarca mucho más que el sentimiento, es un proyecto que suma intenciones, pensamientos y finalmente decisiones y tareas.

Desde el punto de vista divino, el perdón es un don –regalo, es decir, auténtica gracia, que solo recibe quien lo acepta libremente. Dios no puede perdonar a nadie contra su voluntad, porque trataría al hombre o a la mujer como si fueran muñecos animados y no como seres desplegando su libertad.

Desde el punto de vista humano, el perdón es una actitud propuesta al discípulo y a la discípula de Jesús, comprometidos en la construcción de su Reino. No es un trabajo aislado, es obra de todos, de solidaridad entre el hermano y la hermana que ofrece la mano –porque ya ha tomado la del Padre– y el que intenta, desde su caída, apretarla y levantarse.

La exhortación a la comunidad de Éfeso: "Sean mutuamente buenos y compasivos, perdonándose mutuamente los unos a los otros como Dios los ha perdonado en Cristo" (Efesios 4,33) debía de tener en su horizonte el ejemplo del Señor perdonando en la cruz.

Justicia y reparación

Un perdón auténtico supone la reparación del daño provocado por el ofensor arrepentido. Si al niño que rompió intencionalmente un vidrio se lo dispensa de colaborar en su colocación o en pagarlo con sus ahorros, se le estaría formando en la irresponsabilidad. El hombre que robó una fuerte cantidad de dinero aprovechando de la confianza del amigo, tendrá que restituirla, y el propio acreedor no podrá eximirlo si eso supone penurias para su propia familia, porque no sería respetada la armonía de la justicia.

No hay duda que san Juan Pablo II perdonó a Alí Agca, el agresor que intentó matarlo. Pero recién solicitó la amnistía para que saliera de la prisión varios años después de ser condenado por la justicia italiana.

Pero quien se reconoce culpable ya comienza un camino de reconciliación humana.

Un jerarca nazi le escribe a Simón Wiesenthal, ex prisionero de un campo de concentración, director del Centro de Documentación de Viena que investiga los crímenes contra los judíos a partir de la experiencia de un encuentro en mayo de 1975:

"Afligido por un inexplicable sufrimiento, horrorizado por los tormentos de millones de seres humanos, reconocí mi responsabilidad por todos mis crímenes en los Juicios de Nüremberg. Con el veredicto de culpabilidad, el tribunal sólo condenó mi culpa legal. Más allá se encuentra el compromiso moral...

"Mi delito moral no está sujeto al estatuto de las prescripciones legales, y ya no podrá borrase durante el resto de mi vida...

"Tú mostraste clemencia cuando nos sentamos uno frente a otro en ese 20 de mayo. No hurgaste en mis heridas sino que con sumo cuidado, trataste de ayudarme. No me reprochaste nada o te enfrentaste a mi preso de la ira. Te miré a los ojos, unos ojos donde se reflejaban todas las víctimas que murieron asesinadas, ojos que han sido testigos de miserias, degradación, fatalismo y agonía de nuestros compañeros, seres humanos. Y sin embargo, tus ojos no reflejaban odio...

"Todo ser humano tiene que soportar una carga. Nadie puede cedérsela a otro. Pero, para mí, desde aquél día, se ha hecho mucho más ligera. La gracia de Dios me ha tocado a través de ti" (Albert Speer, *Los límites del perdón*).

Justicia y amor globalizado

Las nuevas relaciones internacionales reclaman una justicia globalizada, de tal manera que los culpables de las violaciones de los derechos humanos fundamentales o de lesa humanidad tendrán que ser juzgados por un Tribunal Penal Internacional.

De esta manera los responsables de crímenes aberrantes no podrán esconderse en el límite del propio país, en el que seguramente, por haber usufructuado del poder, habrán decretado pomposas auto amnistías y habrán designado los jueces más adictos a su ideología.

En todos los casos la sociedad prevé leyes penales para el justo castigo de los culpables y la seguridad de los ciudadanos y ciudadanas, pero aún allí ha de alentar al arrepentimiento y al perdón.

"Si la pena se propone como un mal que se desea al culpable del crimen cometido, es completamente ilícita y contraria al amor al prójimo. Pero si lo que se busca es un bien, al que se llega por la aplicación del castigo, como por ejemplo, la corrección del culpable o la seguridad de los demás, entonces pueden ser lícitas" (Tomás de Aquino, *Suma Teológica*, II-II, 108.1).

Es con ese espíritu que las legislaciones más avanzadas miran más a la reparación que al castigo, con instituciones como la "probation" (realización de servicios comunitarios) y en los casos de los llamados "buenos comportamientos" se disminuye el tiempo de detención.

Las iniciativas por lograr una Justicia "justa" chocan con la corrupción de los tribunales, que provoca un descreimiento generalizado y la tentación del recurso a la "justicia por propia mano".

"Son los pobres los primeros en sufrir los retrasos, la ineficiencia, la ausencia de una defensa adecuada y las carencias estructurales, cuando la administración de la justicia es corrupta" (san Juan Pablo II: *La Iglesia en América*).

El perdón de las ofensas, incluido en las obras de misericordia, se enmarca en una actitud más exigente, como es el amor al enemigo.

"Pero es perverso y repugnante amar a los enemigos en cuanto enemigos, porque esto es amar el mal de otro.

"Sin embargo es propio del amor que el que ama a Dios y al prójimo no excluya a sus enemigos de esa universalidad del amor... y prepare el espíritu para socorrerlos en caso de necesidad, según las palabras de los Proverbios: si tu enemigo tuviese hambre, dale de comer; si tuviese sed, dale de beber" (Tomás de Aquino, *o.c.* 25,89).

Esta preparación no es una tarea rápida ni fácil. Santa Juana de Chantal tardó años para reconciliarse con el hombre que, sin quererlo, disparó en una cacería contra su marido. Mucho más difícil aún si se trata de una conducta consciente y voluntaria. Supone un grado intenso del amor.

Perdona nuestras deudas... Externas

En una solidaridad globalizada también se propone el perdón de la deuda externa, con lo que por lógica conexión volvemos a las "obras de misericordia materiales", y en este caso, objetiva y visible como una abultada cantidad de millones de dólares.

En el clima del Gran Jubileo con motivo de los 2000 años de cristianismo se proponían algunas iniciativas muy concretas que mantienen su vigencia.

"En este sentido, recordando que Jesús vino a "evangelizar a los pobres" (Mateo 11,5; Lucas 7,22) ¿cómo no subrayar más decididamente la opción preferencial de la Iglesia por los pobres y los marginados?

"Se debe decir ante todo que el compromiso por la justicia y por la paz en un mundo como el nuestro, marcado por tantos conflictos y por intolerables desigualdades sociales y económicas, es un aspecto sobresaliente de la preparación y de la celebración del Jubileo.

"Así, en el espíritu del libro del Levítico (25,8-28), los cristianos deberán hacerse voz de todos los pobres del mundo, proponiendo el Jubileo como un tiempo oportuno para pensar, entre otras cosas en una notable reducción, si no es una total condonación, de la deuda internacional, que grava sobre el destino de muchas naciones" (Juan Pablo II: Carta Apostólica de 1994, *Mientras se acerca el Tercer Milenio*).

Mirando hacia el futuro, una de las Proposiciones de los Padres del Sínodo de América, en 1997 buscaba analizar no sólo el presente, sino prevenir el porvenir buscando   junto con los organismos internacionales, "vías de solución para el problema de la deuda externa y normas que impidan la repetición de tales situaciones con ocasión de futuros préstamos".

¿Cuáles son las situaciones que en futuros préstamos habrán de impedirse? ¿Qué enseña la experiencia sobre una realidad que ensombrece a los países endeudados? ¿Es que existieron errores y descuidos por parte de los prestadores? ¿Cuántos gobiernos de minorías autoritarias asumieron compromisos que ahora pagan las mayorías silenciadas? ¿Existe realmente una deuda? "No puedo dejar en silencio el hecho de que, a causa de la multiplicación de los intereses, los países latinoamericanos en realidad han pagado ya sus deudas, de modo que no se trataría de un perdón sino de un acto de justicia. Los acreedores, por su parte, han cobrado ya sus créditos, y si los bonos correspondientes se encuentran hoy en manos de ahorristas de buena fe, es responsabilidad de quienes se los vendieron asumir las consecuencias de un hecho que en sus etapas actuales tiene mucho de usurario, repudiable para la moral y el derecho" comentaba el arzobispo de La Plata, Héctor Aguer.

Por eso en un perdón globalizado de la deuda externa: ¿Quién tiene que pedir perdón a quién? ¿Quién tiene que perdonar a quién?

Justicia y misericordia

La justicia y el perdón adquieren una nueva dimensión en la primacía del amor y la misericordia.

"No será inútil en este contexto recordar la relación existente entre justicia y misericordia. No son dos momentos contrastantes entre sí, sino un solo momento que se desarrolla progresivamente hasta alcanzar su ápice en la plenitud del amor. La justicia es un concepto fundamental para la sociedad civil cuando, normalmente, se hace referencia a un orden jurídico a través del cual se aplica la ley. Con la justicia se entiende también que a cada uno debe ser dado lo que le es debido. En la Biblia, muchas veces se hace referencia a la justicia divina y a Dios como juez. (…)

"El reclamo a observar la ley no puede obstaculizar la atención por las necesidades que tocan la dignidad de las personas. (…)

"La misericordia no es contraria a la justicia sino que expresa el comportamiento de Dios hacia el pecador, ofreciéndole una ulterior posibilidad para examinarse, convertirse y creer.

"Si Dios se detuviera en la justicia dejaría de ser Dios, sería como todos los hombres que invocan respeto por la ley. La justicia por sí misma no basta, y la experiencia enseña que apelando solamente a ella se corre el riesgo de destruirla. Por esto Dios va más allá de la justicia con la misericordia y el perdón. Esto no significa restarle valor a la justicia o hacerla superflua, al contrario. Quien se equivoca deberá expiar la pena.

"Solo que este no es el fin, sino el inicio de la conversión, porque se experimenta la ternura del perdón. Dios no rechaza la justicia. Él la engloba y la supera en un evento superior donde se experimenta el amor que está a la base de una verdadera justicia" (Francisco: *Convocatoria al Jubileo de la Misericordia*, 20-21).

12

Consolar al triste...
Orientar al deprimido

La tristeza es un sentimiento provocado por una pérdida importante. Sea un valor material, sea un vínculo afectivo o un proyecto no realizado, embarga el ánimo con una sensación de pesadumbre y abatimiento.

Job, el personaje bíblico que ha perdido a sus hijos, sus bienes y su salud, se lamenta: "Como un esclavo que suspira por la sombra, como un asalariado que espera su jornal, así me han tocado en herencia meses vacíos, me han sido asignadas noches de dolor. Al acostarme pienso: ¿cuándo me levantaré? Pero la noche se hace muy larga y soy presa de la inquietud hasta la aurora" (Job 7,24).

El relato de Jesús de Nazaret en la oscuridad del huerto de los Olivos manifiesta sobriamente un inmenso dramatismo: "comenzó a sentir temor y a angustiarse. Dijo a sus acompañantes: Mi alma siente una tristeza de muerte..." (Marcos 14,33).

La necesidad de la presencia de los amigos, en esas circunstancias tan abismales, adquiere una especial dimensión de consuelo impregnado por la solidaridad del entorno.

De ahí brota el reproche de Jesús a sus compañeros dormidos: "¿Es posible que no hayan podido quedarse despiertos conmigo, ni siquiera una hora?" (Mateo 26, 40).

En cambio, "tres amigos de Job se enteraron de todos los males que le habían sobrevenido... y se pusieron de acuerdo para ir a expresarle sus condolencias y para consolarlo" (Job 2,11).

Aliviar la tristeza era una tarea que ya preocupaba a los hombres propulsores de la cultura grecolatina. Agustín de Hipona relata en sus *Confesiones* que ante la muerte de su amigo sólo encontraba algún desahogo en los sollozos y las lágrimas. Aristóteles afirma en la *Ética* que en los momentos de tristeza, el amigo que acompaña es el que consuela. Tomás de Aquino lo comenta en la *Suma Teológica* explicando que quien tiene la compañía de los amigos, se siente amado por ellos. Como ese sentimiento produce un sereno bienestar, se amortigua y disminuye la tristeza.

El Dios del consuelo

Varios Salmos son invocaciones y súplicas personales o de todo el pueblo por encontrarse sumergido en la angustia, el dolor y el sufrimiento intenso.

El Salmo 21 comienza casi como un reclamo a Dios y recordando sus intervenciones en los momentos más difíciles:

> "Dios mío, Dios mío,
> ¿por qué me has abandonado?
> ¿Por qué estás lejos de mi clamor y mis gemidos?
> Te invoco de día y no respondes,
> de noche y no encuentro descanso;
> y sin embargo tú eres el Santo,
> que reinas entre las alabanzas del pueblo.
>
> En ti confiaron nuestros padres:
> confiaron y tú los libraste;
> clamaron a ti y fueron salvados,
> confiaron en ti y no quedaron defraudados.

Pero yo soy un gusano, no un hombre,
la gente me escarnece y el pueblo me desprecia...

Pero tú Señor, no te quedes lejos;
Tú que eres mi fuerza, ven pronto a socorrerme..."

La lectura completa de este salmo muestra la intensidad de la súplica y el fuerte abatimiento de un hombre desamparado, que además del dolor físico y anímico, sufre sobre todo por sentirse abandonado de Dios. Sus palabras reflejan, en medio de la abrumadora tristeza, una ilimitada esperanza. Según numerosos comentaristas el Evangelio de Marcos lo utilizó para expresar los sentimientos de Jesús en la tortura y agonía de la cruz, y la vida, entrega confiada en manos de su Padre (véase Marcos 15,34).

Otros escritos del Antiguo Testamento muestran a Dios como Quién conoce las dificultades de su pueblo y los consuela con la ternura y el encuentro.

"¡Consuelen, consuelen a mi Pueblo, dice su Dios! Hablen a Jerusalén, hablen a su corazón y anúncienle...Como un pastor, él apacienta su rebaño, tiene en brazos a los corderos, los pone junto a su corazón y conduce al reposo a las ovejas que han parido" (véase Isaías 40, 1-11). El Dios del consuelo se dirige a los hombres y mujeres a través del anuncio de Jesús de Nazaret: "Felices los afligidos, porque serán consolados" (Mateo 5,5). En su discurso de despedida, poco antes de su muerte, previene a sus discípulos que no los dejará huérfanos, porque rogará al Padre, quien les dará otro Paráclito, es decir, alguien que acompañe y consuele (Juan 14,16).

Pablo de Tarso extrae la última consecuencia del Dios del Consuelo que se trasluce en el discípulo y la discípula que acompaña todo sufrimiento humano: "Bendito sea Dios, Padre de Cristo Jesús nuestro Señor, el Padre de las misericordias y Dios de todo consuelo, el que nos reconforta en todas nuestras tribulaciones para que podamos dar a los que sufren el mismo consuelo que recibimos de Dios. Porque así como participamos abundantemente de los sufrimientos de Cristo, también por medio de Cristo abunda nuestro consuelo. (2 Corintios 1,3-5).   La tarea de "consolar al triste" está al alcance de cualquiera, ya que no requiere ni dinero ni grandes conocimientos, el hombre más pobre y la mujer más excluida está en condiciones de brindar su presencia y compañía.

Nuestro "triste" contemporáneo será un hombre o una mujer adultos, varios jóvenes posmodernos, una familia, un barrio amenazado por la inseguridad, otro "barrio privado" entristecido por el aislamiento de sus murallas, una nación y hasta todo el planeta, profundamente alterado en su armonía ecológica.

"La solidaridad no es un sentimiento superficial por los males de tantas personas, cercanas o lejanas. Al contrario, es la determinación firme y perseverante de empeñarse por el bien común; es decir, por el bien de todos y cada uno, para que todos seamos verdaderamente responsables de todos" (san Juan Pablo II: *Sollicitudo rei socialis*, 38).

Orientar al deprimido

A diferencia de la tristeza, producto de una pérdida consciente, la depresión y los trastornos de ansiedad provienen de causas inconscientes. Algunos estudios de psicopatología señalan que alrededor del 20% de la población de sociedades desarrolladas, sufre algún trastorno de ansiedad clínica reconocible y tratable.

En estas situaciones, los consejos optimistas, la presencia de los amigos y la exhortación a levantar el ánimo tiene poco resultado. Así como una infección necesita del antibiótico adecuado, los trastornos de ansiedad requieren un diagnóstico preciso y un tratamiento que puede combinarse, desde la utilización de los psicofármacos dirigidos a bloquear la serotonina hasta las psicoterapias individuales o grupales.

Frente al deprimido, el mejor acto solidario es orientarlo a la consulta del especialista y en casos más graves, acompañarlo hasta la puerta del consultorio. Un paso más llevaría al mutuo fracaso y desconsuelo.

Completando la tarea de los profesionales, los grupos de auto ayuda como "Alcohólicos Anónimos", "Depresivos Anónimos" y similares procuran el encuentro solidario que lleva a descubrir en el propio doliente las fuerzas y las energías para encontrar una salida a su desconsuelo, su enfermedad o su angustia.

La tristeza de la exclusión

Hay tristezas por accidentes inevitables, vínculos imposibles de vigorizarse, angustias ante el fin de la existencia propia o de los familiares y amigos más queridos, pesares por las enfermedades y depresiones por causas aún inconscientes o poco conocidas. Existe también un auténtico dolor de los pecados, que reconoce el mal cometido o el bien omitido.

Pero hay tristezas provocadas por la injusticia impuesta, las guerras sin sentido, la falta de ayuda por las demoras burocráticas o las culturas de la muerte y de la exclusión. Si la globalización no sirve para desarrollar una vida más humana de todos los hombres y mujeres, y por el contrario, se ensanchan aún más las diferencias de las clases, los grupos sociales, y los pueblos entre sí, sólo obtendrá una la tristeza globalizada.

Una vez más, una acción tan personal dirigida concretamente a consolar al que sufre, supone también enfrentar las causas más remotas de esas dolencias.

"Se trata de hacer madurar una auténtica cultura de la soli-

daridad. Al hacer esto, se supera toda concepción asistencialista
- sentimental de la misma solidaridad, viéndola más bien como
responsabilidad por el bien común" (Cardenal Carlo María
Martini: *Globalización en solidaridad*).

Por eso la obra de misericordia espiritual "consolar al triste"
tiene hoy una nueva formulación, "solidaridad con el que sufre,
está apenado o deprimido y arrancar las raíces de la tristeza
social".

13

Luchar por la justicia social sin perder la paciencia

La obra de misericordia "soportar con paciencia los defectos del prójimo", aparece en una primera impresión como una actitud pasiva que hace de los cristianos y cristianas seres débiles, incapaces de superar el mal, y alienados y cobardes en todo compromiso por un vigoroso cambio de estructuras injustas.

"Los antiguos exaltaron a los fuertes; los cristianos, en cambio, a los débiles y humildes, presa de los malvados" enseñaba Nicolás Maquiavelo en el siglo XVI.

Esta crítica se extendió en los ambientes racionalistas del siglo XIX con una lapidaria condena a la mayoría de las máximas basadas en las enseñanzas de Jesús y de sus discípulos y discípulas.

"Los cristianos son una especie fofa, debilitada, resignada a soportar todas las desgracias como decretos de la Providencia Divina" expresaba el filósofo alemán Joséph Renán.

En contrapartida Mahatma Gandhi, el gran luchador por la libertad de la India potenció las características de su pueblo, y lo encausó en un movimiento de "no violencia activa", con convicción propia y mística militante. Hizo de la espera paciente e insistente una de sus armas, sintetizada en la consigna: "El que pierde la paciencia, pierde la batalla".

Desde su práctica contra el poderoso Imperio Inglés el auténtico "paciente" puede esperar y soportar porque es realmente fuerte, probablemente el más fuerte..

Comenzando por lo más sencillo: ¿qué significa soportar los defectos ajenos?

Un simple análisis de los defectos, tanto personales como de quienes nos rodean, muestra que existen distintos niveles de responsabilidad.

Algunas limitaciones no dependen de la propia decisión, como el tartamudeo, o la lentitud de los ancianos. Otras son parte del proceso evolutivo, como el parloteo de los niños o su inestabilidad en los juegos.

Quien no pueda soportar estas conductas, difícilmente establecerá relaciones cotidianas de cierta envergadura. Se convertirá rápidamente en un amargado oficinista, un docente deprimido o un enfermero cascarrabias.

"La paciencia es el primer axioma de la pedagogía", "el cliente siempre tiene razón", "el apresurado no llegará a ningún acuerdo" son lemas que advierten sobre el arte del encuentro, pero que requieren un sistema nervioso bien templado.

La paciencia y el amor

Es la experiencia del amor la que permite la convivencia a pesar de los defectos de los integrantes de la pareja, la familia, los amigos y las amigas, siempre que no se ilusione que la relación afectiva permitirá un rápido cambio en las actitudes que resulten molestas.

El deseo del encuentro con otra persona provoca el fenómeno de la idealización, porque se cree ver en el amado o en la amada todas las virtudes, maravillas y logros siempre soñados y fantaseados.

Aunque el nombre de "enamoramiento" queda reservado al ámbito de la relación de pareja, esta idealización ocurre también en cierto sentido en el comienzo de una amistad, en las relaciones de trabajo, en las relaciones recreativas y humanas en general.

Cuando una pareja se casa sólo porque están enamorados, comete un grave error, aunque pueda parecer lo contrario. Analicemos atentamente la situación.

"El enamoramiento o idealización me hace creer que mi amado es perfecto en todo, casi divino. Entonces no advierto sus errores, límites de personalidad, fallas y defectos y me caso con una falsa imagen del otro. Pasado el tiempo de éxtasis, frente a la realidad concreta de un compañero o una compañera que al igual que yo tiene límites, aristas y renuncios, se produce la desilusión, el deseo de fuga y finalmente la ruptura" (Scott Peck, *La nueva psicología del amor*).

Puede ocurrir que alguien descubra los defectos del otro, pero el enamoramiento le provoca una fantasía omnipotente: Mi amado tiene esta falla, pero yo lo voy a cambiar.

La realidad no responde al deseo, porque nadie puede cambiar a nadie si no existe en la otra persona la convicción de modificarse. En el caso de la convivencia matrimonial, la experiencia enseña que las transformaciones son lentas y de mutua influencia.

Una vez más se ha de evitar el apresuramiento; el tiempo y la paciencia ayudan a madurar los vínculos.

"Los hombres ya no tienen tiempo de conocer nada. Si quieres un amigo... hay que ser muy paciente", le decía el Zorro al Principito en la difundida obra de Saint Exupéry.

Un examen sincero de los novios que quieren comprometerse a una relación de largo aliento permite responder a estas dos preguntas: ¿Son ya capaces de redactar una lista de las cosas que más les atraen mutuamente? ¿Son también capaces de señalar los modos de ser y aún los defectos más serios y difíciles que cada uno reconoce en el otro?

Si conociendo esos modos de ser y esos defectos concretos están seguros de poder convivir a lo largo de la vida, aun cuando no haya ninguna modificación o corrección, habrán pasado de la etapa del "enamoramiento" a la nueva etapa del amar y del querer.

Ya habrán advertido que si las conductas de uno u otro resultan insoportables, de ninguna manera conviene seguir adelante con esa relación y el momento de la ruptura se ha tornado inminente.

La otra mejilla

Ciertos defectos graves son actitudes responsables y pueden modificarse con una adecuada labor de autocrítica y reeducación. De lo contrario, se perpetúan como auténticas injusticias que esclavizan y producen incalculables sufrimientos.

¿Cómo puede la mujer que sufre los golpes de la violencia de género, el niño o la niña violados y los trabajadores con bajos salarios permanecer pasivos y sin rebelarse?

Quizás alguno responderá con las palabras de Jesús de Nazaret: "Yo les digo que no se opongan al malvado, por el contrario, al que te golpee la mejilla derecha, ofrécele también la izquierda" (Mateo 5,39).

Pero en la práctica, cuando Jesús fue abofeteado por un guardia del Sumo Sacerdote no sólo no puso lo otra mejilla, sino que le replicó desafiante: "Si he hablado mal, muestra en qué ha sido; pero si he hablado bien, ¿por qué me pegas?" (Juan 18,23).

Más enérgico en las palabras respondió Pablo de Tarso cuando el Sumo Sacerdote Ananías ordenó a sus asistentes que le pegaran en la boca: "¡A ti te golpeará Dios, pared blanqueada! Si estás aquí sentado para juzgarme según la Ley ¿por qué mandas golpearme, atropellando la Ley?" (Hechos 23,3).

Tomás de Aquino en el siglo XIII resuelve esta aparente contradicción entre las palabras y los hechos con un criterio que sigue teniendo plena vigencia.

"Para entender la Sagrada Escritura debemos tomar por criterio lo que Cristo y los santos hicieron en la práctica.

Pero Cristo no tendió a aquel hombre la otra mejilla. Ni tampoco la ofreció Pablo.

Interpretar literalmente el precepto del Sermón de la Montaña es falsear su significado.

Dicho precepto se refiere más bien a la disposición de ánimo a soportar, cuando sea preciso, sin dejarse vencer por la amargura, una segunda afrenta igual o todavía más grande.

A ello responde la actitud del Señor al entregar su cuerpo al último suplicio.

Aquellas palabras con que replicó han sido, por consiguiente, de utilidad para nuestra enseñanza.

Es justamente en el momento del martirio, de la entrega de la vida por causa de la fe y por sus consecuencias, o en un ambiente de persecución a la práctica del Evangelio, que quien ya no tiene ninguna otra salida, mantiene con valor la serenidad de los verdaderos "pacientes". Recurriendo incluso al humor, como santo Tomás Moro que a punto de ser decapitado por orden del rey Enrique VIII, se dirige al verdugo que sostiene el hacha, le entrega una moneda de oro y le dice: "Sírvase, es la propina por la molestia que se toma..."

Las luchas por la justicia

Sólo quien es capaz de soportar y aguardar con paciencia el momento oportuno es apto para una resistencia de largo aliento, como la que proponen los militantes y activistas de la no violencia como método de lucha.

"A nuestros adversarios más implacables les diremos: Nosotros superaremos la capacidad de ustedes para causar sufrimientos con nuestra capacidad para tolerarlo. Reduciremos la fuerza física de ustedes con nuestra fuerza espiritual. Pueden hacernos lo que quieran, nosotros seguiremos amándolos", explicaba Martín Luther King, el defensor de los derechos de los afroamericanos en Estados Unidos poco antes de su asesinato.

No es solamente una respuesta individual, la esperanza de triunfar supone también la capacidad de darse tiempo para actuar con precisión, como el pueblo latinoamericano que "no desespera, aguarda confiadamente y con astucia los momentos oportunos para avanzar en su liberación tan ansiada" (Puebla 452).

Los "pacientes", auténticos constructores de la paz, rehúyen el tipo de reforma superficial y rápida, porque no logra penetrar en la cultura popular ni nace de sus raíces.

Una lucha larga, sostenida, llamada a derribar los muros de la injusticia social y a sostener el débil edificio de los derechos humanos ha de llegar a trastocar las estructuras.

"Las decisiones gracias a las cuales se constituye un ambiente humano, pueden crear estructuras concretas de pecado, impidiendo la plena realización de quienes son oprimidos de diversas maneras por las mismas. Demoler tales estructuras y sustituirlas con formas más auténticas de convivencia, es un cometido que exige valentía y paciencia" (san Juan Pablo ll: *Centesimus Annus*, 38).

Esta ardua tarea que requiere la capacidad de perseverar en largos procesos que pueden incluir importantes periodos en la historia de los pueblos es estudiada por Francisco con el principio "el tiempo es superior al espacio".

El tiempo es superior al espacio

"Los ciudadanos viven en tensión entre la coyuntura del momento y la luz del tiempo, del horizonte mayor, de la utopía que nos abre al futuro como causa final que atrae.

"De aquí surge un primer principio para avanzar en la construcción de un pueblo: el tiempo es superior al espacio.

"Este principio permite trabajar a largo plazo, sin obsesionarse por resultados inmediatos. Ayuda a soportar con paciencia situaciones difíciles y adversas, o los cambios de planes que impone el dinamismo de la realidad.

"Es una invitación a asumir la tensión entre plenitud y límite, otorgando prioridad al tiempo.

"Darle prioridad al tiempo es ocuparse de iniciar procesos más que de poseer espacios.

"El tiempo rige los espacios, los ilumina y los transforma en eslabones de una cadena en constante crecimiento, sin caminos de retorno. Se trata de privilegiar las acciones que generan dinamismos nuevos en la sociedad e involucran a otras personas y grupos que las desarrollarán, hasta que fructifiquen en importantes acontecimientos históricos.

"La parábola del trigo y la cizaña (cf. Mt 13, 24-30) grafica un aspecto importante de la evangelización que consiste en mostrar cómo el enemigo puede ocupar el espacio del Reino y causar daño con la cizaña, pero es vencido por la bondad del trigo que se manifiesta con el tiempo" (cfr: Francisco: *La alegría del Evangelio*, 222-225).

Tanto san Agustín como santo Tomás de Aquino relacionaron la paciencia, el aguante ante el mal, la resistencia hasta dar la vida en el martirio y el equilibrio entre el miedo y la audacia, con el don divino de la fortaleza y éste con la cuarta bienaventuranza del Sermón del Monte: "Felices los que tienen hambre y sed de justicia, porque serán saciados" (Mateo 5, 6).

Un nuevo enunciado para las obras solidarias: contener los defectos de mi hermano y de mi hermana --cómo ellos contienen los míos-- y luchar por la justicia social en todo el mundo, sin renuncias ni claudicaciones, porque el tiempo es superior al espacio.

14

Una oración globalizada

El último enunciado de las tradicionales obras de misericordia es "rogar a Dios por los vivos y los difuntos".

Propuesta sencilla, al alcance de todos, que puede realizarse en el silencio de la habitación, entre el estrépito de los vagones del subterráneo, en una solemne liturgia catedralicia, tras los alambrados del campo de refugiados, apenas balbuciente en el enfermo terminal, firme y cantarina en los labios de las monjas, con el rosario heredado del abuelo o convertida en plenitud de Eucaristía celebrada junto a los obreros que piden se reabra la fábrica.

El horizonte del ruego no tiene fronteras ni se limita a los cercanos y queridos; se extenderá a los desconocidos y alcanzará al enemigo.

Ese es el programa inicial de Jesús de Nazaret: "Amen a sus enemigos, hagan el bien a los que los odian. Bendigan a los que los maldicen, rueguen por los que los difaman. En los momentos finales de su vida, al límite de sus fuerzas, lleva a la práctica su propia enseñanza: "Padre, perdónalos, porque no saben lo que hacen" (Lucas 23, 34).

Una oración tan intensa enseña que si es posible un deseo tan universal, es porque la presencia de Dios, su gracia y su amistad nos envuelve, nos globaliza y nos impulsa. La justicia de Dios se manifiesta como divino don de salvación, reconciliación y solidaridad.

Un recorrido de las Oraciones Universales propuestas en la Liturgia Católica del Viernes Santo nos lleva de las intenciones más comunes por el Papa, los obispos, los presbíteros, los diáconos, los laicos, hasta otras menos conocidas y quizás más notables: por los hermanos de las iglesias evangélicas, por los judíos, por quienes no creen en Cristo, por los ateos...

Una lista similar se encuentra espigando los formularios del Misal Romano reformado según los principios del Concilio Vaticano II: por la evangelización de los pueblos, por los cristianos que sufren persecución, por la patria, por los organismos internacionales, por el jefe del gobierno, en tiempos de guerra o de revolución, al comienzo del año, por los hambrientos, por los prisioneros y presos, por los moribundos, por la familia, por los que nos hacen sufrir, para pedir una buena muerte...

Las Misas de Difuntos incluyen al difunto joven, al muerto repentinamente, a los esposos, al niño no bautizado.

A su vez, una de las Plegarias Eucarísticas para la Misa de Niños menciona pedagógicamente: "Señor, no te olvides de las personas que amamos ni de aquellas a las que debiéramos querer más".

Oremos sin sectarismos ni ingenuidades

Una oración ingenua es la que en su intención o formulación quiere evitar el conflicto. Así, el rezo por los enemigos puede convertirse en un estoico renunciamiento a la defensa de los más débiles y la intercesión por la paz en un pacifismo que no atiende la justicia.

Por el contrario, el Misal propone la Oración después de la Comunión en el formulario "por los que nos hacen sufrir": "Dios... te pedimos la gracia de vivir en armonía con todos y de procurar que nuestros enemigos vuelvan a ti y se reconcilien con nosotros".

En el mismo tono, la Oración de la Asamblea "por la paz y la justicia": "Dios, que llamaste hijos tuyos a los que trabajan por la paz, concédenos la gracia de procurar sin cesar aquella justicia que es la única garantía de la paz sólida y verdadera".

Si se analizan con atención, se verá que muchas de estas fórmulas incluyen un verbo que señala actividad: procurar... servir... compartir... contribuir... dando así razón al dicho popular: "a Dios rogando y con el mazo dando".

Las tradicionales y las nuevas obras de misericordia salen en busca de una solidaridad globalizada. Desde siempre, en la experiencia del Pueblo Santo y de los santos del pueblo una oración comprometida supone solidaridades abiertas, católicas en el sentido literal de la palabra que significa "universal", sin sectarismos ni exclusiones, pidiendo a Dios la fuerza para acercarse prontamente y así incluir intenciones:

por los que visitan y cuidan a los enfermos y por los afectados por el sida;

por los hambrientos y por los que son responsables de las políticas de pleno empleo;

por los pueblos que sufren el flagelo de la sed y por los que defienden la ecología planetaria;

por los que no tienen vivienda y por los que planifican el desarrollo urbano y campesino;

por los que no tienen ni siquiera una camiseta y por los responsables de la producción textil;

por los que están presos por violación o por causas políticas y por sus guardianes, torturadores y catequistas;

por los trabajadores de la educación y por los educandos;

por los artistas del diálogo y por los que denuncian con valentía el tráfico de armas y drogas;

por los que ofenden y por los que perdonan;

por los tristes y deprimidos y por los que se aproximan con su presencia o aportan su técnica psico-curativa;

por los hermanos con defectos (incluido yo con los míos) y los empeñados en la noble lucha por la justicia social;

por los que donan sus órganos y por los difuntos;

por los que oran y por los que ya no tienen fuerzas ni para rezar;

por los...y por los que...

¡Amén!

Índice

www.paulinas.org.ar

EDITORIAL / DISTRIBUIDORA / LIBRERÍA

1030 BUENOS AIRES. Larrea 44/50 (Estacionamiento para clientes)
Telefax (011) 4952-4333 y líneas rotativas. Fax directo de 18 a 9 hs.
Línea de fax gratuita para clientes: 0-800-333-7717,
editorial@paulinas.org.ar - ventas@paulinas.org.ar
Face: Paulinas Editorial Argentina / Twitter: @PaulinasAR /
Instagram: @paulinasarg

LIBRERÍAS

1419 BUENOS AIRES: Nazca 4249, Tel. (011) 4572-3926,
Fax (011) 4571-6226, nazca@paulinas.org.ar
(Estacionamiento propio para clientes)
5500 MENDOZA: San Martín 980, Telefax (0261) 429-1307,
mendoza@paulinas.org.ar / Facebook: Paulinas Mendoza
3500 RESISTENCIA (Chaco): Arturo Illia 178, Tel. (0362) 442-7188,
Fax (0362) 444-2110, resistencia@paulinas.org.ar
Facebook: Paulinas Resistencia
2000 ROSARIO (Santa Fe): Rioja 832, Telefax (0341) 448-1832,
rosario@paulinas.org.ar / Instagram: @paulinas_rosario
4000 SAN MIGUEL DE TUCUMÁN: Maipú 412, Telefax (0381) 421-7837, tucuman@paulinas.org.ar
3000 SANTA FE: San Jerónimo 2134, Telefax (0342) 453-3521
santafe@paulinas.org.ar / Facebook: Paulinas Santa Fe

ASUNCIÓN (Paraguay): Azara 279 (casi Iturbe),
Tel. (00595) 21440651, Fax (00595) 21440652 paulinas@pla.net.py
Villa Morra: Charles de Gaulle y Dr. Hassler. Tel. (00595) 213287142
Facebook: Paulinas Paraguay / Twitter: @libreriapaulipy

REVISTA DIGITAL FAMILIA CRISTIANA

www.familiacristiana.org.ar

PASTORAL VOCACIONAL "HIJAS DE SAN PABLO":

vocacional@paulinas.org.ar

www.ingramcontent.com/pod-product-compliance
Lightning Source LLC
LaVergne TN
LVHW011022200726
843509LV00011B/1180